AF617524

El niño de la eterna sonrisa

Antonia Balaguer

Primera edición: SEPTIEMBRE, 2024
Título: El niño de la eterna sonrisa

07009 Palma de Mallorca
www.rapitbook.com

ISBN: 978-84-10484-05-4

Autora: Antonia Balaguer.
Imagen de cubierta: creada con IA
Imágenes contracubierta e interior: archivo familiar
Edición: Andrés Cárdenas

Impresión y encuadernación:
FOTOCOPISTERÍA IMPRESRAPIT, S. L.
www.impresrapit.com

Impreso en España–*Printed in Spain*

En memoria de mi hijo Jaime Estrany Balaguer
el ser de luz que ilumina mi camino.

Índice

Dedicatoria

Mi hijo, Jaime Estrany Balaguer, me ha enseñado que la vida es muy valiosa y que, si es necesario, hay que luchar contra viento y marea, el que me ha transmitido a mí, a mi familia y a muchísima gente que el amor es el poder fundamental para ser feliz.

Ha sido el ser de luz que me ha enseñado a amar y agradecer el despertar cada día. Como un sabio me dijo en una ocasión: «es de bien nacido ser agradecido».

Dedicado también a todas las familias que, de repente, pasan de un momento maravilloso como es un embarazo perfecto a despertar en una situación que solamente quien la ha vivido puede contar lo que realmente es la lucha constante en todos los aspectos. Ver sufrir a tu hijo o hija día a día y también verlo superarse siempre, agarrándose a la vida cada segundo con tantas ganas, ganas que lo ayudan a seguir adelante y comerse el mundo por los pies. Toda mi admiración para ellos y ellas y, en especial, para mi niño.

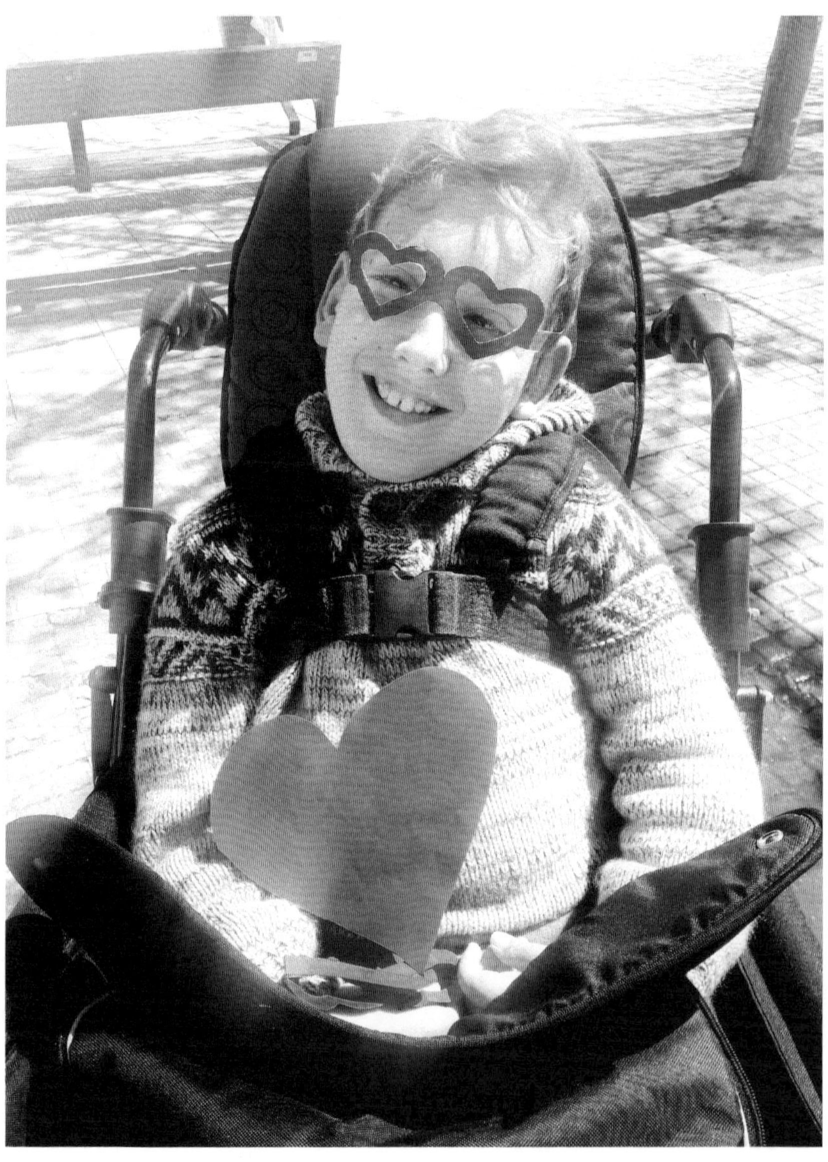

La gran noticia: el embarazo

Todo embarazo buscado y deseado es una gran noticia. En mi caso fue un sueño hecho realidad.

Con 25 años y embarazada de seis meses de mi hija Paula, me levanté una mañana con un bulto en el cuello. Así, sin más, en cuestión de una noche, mi vida dio un giro de 180 grados.

Al salir de trabajar fui a Urgencias porque me molestaba al tragar. Pensé que quizás era un ganglio inflamado por algún virus. No le di mucha importancia, la verdad.

Tras realizarme varias ecografías en el cuello, me dicen que ven dos nódulos en la glándula tiroidea con mal aspecto y que lo van a consultar también con los compañeros adjuntos del departamento de Endocrinología. En ese instante el mundo se me cayó encima. Estaba en la sala de espera de la clínica llorando, sin poder articular palabra. Estaba sola y la gente se acercaba para consolarme, pero en aquel momento la negatividad y el pesimismo se apoderaron de mí. Llamé a mi marido y vino enseguida al hospital. Nada más llegar él, nos dieron el informe de Urgencias para solicitar una punción inmediata de ambos nódulos. Lo único que me preocupaba era mi hija, el bebé que llevaba en mi interior, y pedí al universo entero que la protegiera, que todo lo malo que pudiera pasarle a ella repercutiera en mí.

A la semana siguiente me citan para la punción. Yo pensaba que los nódulos serían superficiales, podía tocarlos, eran del tamaño de un huevo, y se apreciaban a simple vista; pero no, yo los tocaba y eran visibles porque habían sangrado y estaban inflamados. Cuando vi el tamaño de la aguja con la que me tenían que pinchar en el cuello, casi me desmayo, pero en aquel preciso instante mi hija empezó a moverse dándome a entender que no me olvidara de que ella estaba ahí, aquello me dio fuerzas para enfrentarme a la situación.

A los dos días fuimos a recoger los resultados y se los llevamos al endocrino, que nos informa de que los nódulos son cancerígenos y que me tienen que extirpar la tiroides. Yo no reaccionaba, me enfadé con el mundo, me encerré en mí misma y no paraba de preguntarme entre lágrimas: «¿Por qué a mí?».

Con el paso de los días, lo fui aceptando. Sinceramente, estaba bien. Estoy segura de que mi hija, desde mis entrañas, me daba ánimo y fuerzas para seguir adelante.

A raíz de la situación, los controles con la ginecóloga y el endocrino eran más frecuentes, puesto que, aunque aparentaba estar bien y realmente me sentía tranquila, mi cuerpo empezó a dar señales de que algo no andaba bien: la tensión arterial era bastante irregular, alta casi todos los días, lo que suponía un peligro para mi hija.

Casi a las cuarenta semanas de embarazo, me realizaron una cesárea y fue todo genial. Paula nació con casi cuatro kilos de peso y muy sana, que era mi mayor preocupación.

A los dos meses de su nacimiento, me intervienen quirúrgicamente y, a partir de ahí, comienzan los tratamientos con yodo radioactivo, más intervenciones, más tratamientos, hasta que me suministran el máximo posible de radiación. Es un proceso largo. Con el paso del tiempo, va haciendo efecto y poco a poco eliminas el yodo del organismo.

Recuerdo perfectamente las palabras que me dijo la endocrina cuando me dio los resultados tras la operación: «Es el mejor cáncer que has podido tener». Tenía razón, porque al parecer el cáncer de tiroides se desarrolla lentamente y casi nunca crea metástasis. Sin embargo, mi marido y yo quisimos asegurarnos y no paramos de pedir información, buscar profesionales para una segunda opinión y, gracias a ello, dimos con un médico especialista en vaciamiento ganglionar en Barcelona, al cual visitamos y que fue mi salvación.

El día de la intervención me acompañaron, aparte de mi marido, mis hermanos y mi suegro, a los que les agradezco muchísimo todo su apoyo y cariño.

Tras ocho horas de quirófano y tres más en la sala de reanimación, me subieron a la habitación, donde ellos me esperaban con la cara totalmente traspuesta. Tras preguntarme cómo me encontraba, mi marido me dijo: «No me hagas pasar por esto nunca más, por favor. Te quiero». Su preocupación era mayor que la mía porque, internamente, sabía que iba a salir todo bien, y así fue.

Por aquel entonces Paula ya tenía dos años y, al llegar a casa del hospital, nos pedía un hermanito o hermanita. Nosotros teníamos muchísimas ganas de aumentar la familia, siempre habíamos pensado en tener dos hijos con un par de años de diferencia; pero, dadas las circunstancias, tuvimos que aplazarlo hasta que Paula tuvo casi cinco años, cuando la endocrina me dio el visto bueno para tener otro hijo.

¡Ese momento fue mágico! Tanto nosotros como Paula deseábamos aumentar la familia. Mi marido y yo nos pusimos a ello, sin prisa, pero sin pausa, con muchísima ilusión.

Éramos conscientes de que no sería fácil, puesto que la glándula tiroidea es importante para regular muchísimos procesos del organismo, pero en ese momento estábamos tan emocionados que ni lo pensamos.

Tras medio año, llegó el tan deseado positivo en el test de embarazo. No me hice uno, ni dos, ni tres, perdí la cuenta, y sí, ¡estaba embarazada!

Al día siguiente pedí cita en la ginecóloga. Fui a la primera consulta yo sola, pensando que no me haría ninguna prueba, ya que estaba tan solo de una falta. Ella me conocía perfectamente, había llevado el embarazo de mi hija, y me dijo: «Vamos a hacer una ecografía vaginal. No te hagas ilusiones porque posiblemente sea un garbancito y no veamos nada».

Me puse en la camilla, ella mirando detenidamente la pantalla del ecógrafo, y me dijo: «Tu hijo o hija te va a hacer un regalo», y de repente..., ¡empecé a escuchar los latidos de su corazón! ¿Cómo era posible? ¡No lo podíamos creer! La ginecóloga y yo estábamos alucinando. Fue un momento espectacular en que las dos estábamos con los ojos empapados en lágrimas.

Hoy lo pienso y, sí, era una señal de la vida, de mi hijo, que me dijo en ese momento: «Mami, estoy aquí y soy muy fuerte, seré un súper luchador».

El nacimiento

El 15 de junio de 2009, amanecí con una sensación extraña. Me acaricié la barriga dando los buenos días a mi bebé y este no respondió a las caricias. En ese momento pensé que estaría durmiendo, ya que era muy temprano.

A las siete de la mañana me marché a trabajar y empecé a sentir contracciones. Estaba de 27 semanas y 3 días, sabía que no era normal, y algo en mí me empujó a acudir de urgencia a Ginecología. Al llegar me hizo una ecografía y me dijo que el bebé estaba bien, con pulsaciones un poco altas; pero, aunque lo intentaba haciendo presión con sus manos y con el ecógrafo, efectivamente no observaba movimiento. Dejó aviso en el hospital porque, si seguía igual, debía acudir por la tarde a Urgencias.

Al recoger a mi hija en el colegio, fuimos como de costumbre a la biblioteca para que ella jugara, leyera y pasara un ratito divertido. Recuerdo estar sentada, acariciarme la barriga y decirle a Jaime: «Dame una señal de que estás bien, por favor».

Esa señal no llegó y pasadas un par de horas, al llegar a casa, me tumbé en la cama y las contracciones se reanudaron cada seis minutos. Noté el movimiento de Jaime, pero fue un giro muy brusco y muy extraño. No me gustó. Él se movía muchísimo. Lo sentía desde muy chiquitín, y la sensación que tuve fue negativa.

Llamé a mi marido para pedirle que viniera cuanto antes a casa porque las contracciones no cesaban y sabía que algo no iba bien. Él avisó a sus padres para que vinieran a casa para quedarse con Paula y fuimos a Urgencias. Al ponerme las correas, se certificó que estaba de parto. Las contracciones ya eran cada 4 minutos, pero seguía sin movimiento fetal.

Me quedé ingresada en observación, y cada dos por tres venía una enfermera a controlar los latidos del corazón. En ese momento yo estaba tranquila porque me habían suministrado medicación intravenosa para detener el parto y, gracias al control de las enfermeras, podía escuchar su corazoncito.

Al día siguiente, a primera hora de la mañana, proceden a realizarme una ecografía en la que mi marido pudo estar. Yo no veía la pantalla, pero estaba tranquila porque Jaime, mi marido, sí la estaba viendo.

Al terminar me llevaron de nuevo a la habitación sin decirme nada y me suministraron la medicación encargada de desarrollar los pulmones del bebé por si nacía prematuro. Mi marido me comentó que el bebé se movía muy poquito, pero había movimiento. En aquel momento me visitaron dos grandes personas y amigas, Marga y Míriam. Me trajeron una orquídea preciosa color lila y pasé con ellas un rato muy grato. Jamás olvidaré la visita. Muchas personas no quieren que se las visite cuando están hospitalizadas, pero a mí me dieron un chute de energía brutal.

Justo cuando se marcharon, entró mi ginecóloga por la puerta de la habitación con la cara descompuesta. En su rostro se podía ver con gran claridad que algo no iba bien. Los resultados de la ecografía mostraban distensión en las asas del intestino, lo que sugería que tenía una infección en el líquido amniótico y eso estaba afectando a mi bebé.

Ella me recomendó el traslado a un hospital público, puesto que estaban más preparados para atender partos prematuros. Si me realizaba ella la cesárea en la clínica privada, el bebé igualmente se lo llevaban a la pública, y yo no me iba a separar de él.

Mientras esperábamos la ambulancia para el traslado, yo no podía parar de llorar. Las lágrimas brotaban de mis ojos a una velocidad incontrolable y mi corazón estaba encogido. Notaba como si me hubieran dado un hachazo directo al alma, un dolor mezclado con pena tan profunda que no me dejaba articular palabra. Llegó la ambulancia y, en pocos minutos, ya estábamos en el hospital público.

Antes de continuar contando mi experiencia al llegar al hospital público, quiero destacar que creo que en mi caso coincidí con un equipo médico pésimo, cuya atención dejó mucho que desear y, si esto me pasara hoy en día, sabiendo lo que sé, hubiera actuado de otra manera, pero la ignorancia, nervios y preocupación te hacen agarrarte a un clavo ardiendo, como fue mi caso. Con esto no quiero decir que la sanidad pública sea mala, ni mucho menos, pero a mí personalmente me trataron fatal y con empatía cero.

Posteriormente pasamos muchos días y meses en el hospital, del cual mantengo contactos médicos hoy en día, y tuvimos experiencias de todo tipo, la mayoría satisfactorias[1].

---

[1] Aprovecho este momento para permitirme hacer una sugerencia, e incluso lo podríamos llamar favor, porque granito a granito se puede conseguir hacer una montañita, y de ahí, montañas. De esta manera se pueden evitar negligencias médicas, que nos traten como ignorantes, e incluso como tontos, y es poner reclamaciones, quejarse, denunciar, es nuestro derecho. Claro, ahora muchos pensaréis que los médicos son humanos y se pueden equivocar, os lo compro, pero he vivido situaciones con cierto personal hospitalario que no tienen perdón de Dios.

Durante los nueve años que estuvo Jaime presente en cuerpo y alma entre nosotros, puse muchísimas reclamaciones, la mayoría para defender los derechos de mi hijo y en general de todas las personas con necesidades especiales. Ni os imagináis la cantidad de trabas que nos encontramos durante el camino, y al principio «aceptas», luego te quejas a los de tu alrededor, pero llega un punto en que la impotencia es tan grande que te vuelve fuerte, muy fuerte, y empiezas una pelea contra el mundo. Suena mal, pero hay que vivirlo para poder opinar con certitud.

Proceso en hospital público

Llegamos al hospital sobre el mediodía y me pusieron las correas. Me dieron un botoncito para que lo presionara cada vez que notara movimiento del bebé. Yo seguía con contracciones y no sentía movimiento alguno. Llamé al médico y le comenté la situación del día anterior, incluso que mi ginecóloga había contactado con ellos para explicarles los pasos realizados y el estado actual del embarazo. La respuesta del médico, del cual no voy a entrar en detalles, aunque jamás olvidaré su rostro, fue: «Lo que te hayan hecho en la clínica privada a nosotros no nos importa ni nos sirve de nada, así que relájate y procederemos como creamos conveniente». En ese momento, petrificada y muerta de miedo, me callé y asentí con la cabeza.

Al seguir con contracciones, tuvieron la gran idea de realizarme un tacto vaginal y, a partir de ese momento, empecé a sangrar.

Sobre las cinco de la tarde me suben a la habitación para esperar a ver qué pasa. ¿Hola? ¿Estamos tontos o qué? Eso lo digo hoy en día por la experiencia que tuve, por eso os comento que, sabiendo lo que sé, si me ocurriera de nuevo, ardería Troya. Pues sí, ahí me dejaron, con dolores muy fuertes, contracciones constantes y sangrados cada vez más intensos.

Tuve la gran suerte de compartir habitación con una gran persona de quien tengo un grato recuerdo y con la que sigo en contacto, Daniela Stein. Le di una noche terrible y, aun así, me animaba, me hablaba, me aconsejaba. Qué gran suerte la mía coincidir con ella. Aprovecho para darte las gracias de nuevo.

A la una de la madrugada, sin poder articular palabra por el dolor que sentía, avisamos a la enfermera. Vinieron tres doctoras muy estúpidas. Qué poca empatía tuvieron conmigo y con la situación. Me realizan otro tacto vaginal y sí, estoy empezando a dilatar, pero que no podían hacer nada, lo único era darme un Valium para relajarme. Sí, sí, tal cual, a lo que les comenté que se lo podían meter por un sitio que no voy a nombrar, pero que seguro podéis imaginar. Y así pasé toda la noche, con contracciones, sangrados y sin sentir a mi bebé.

Gracias al cielo, a dios, al universo, o a lo que realmente exista, a primera hora de la mañana me realiza una ecografía un médico al que definiría como valiente y profesional, que me habló muy claro: «Antonia, hay sufrimiento fetal. Las asas del intestino están distendidas. Yo, en tu lugar, me realizaría la amniocentesis, pero tienes que darnos el consentimiento». Le pregunté qué tipo de riesgo había y me dijo que corría el riesgo de que el saco amniótico se rompiera, pero era eso o no saber cómo estaba realmente nuestro hijo. Mi marido y yo nos miramos y accedimos enseguida. Nos lo decía nuestro corazón. En poco más de una hora, me habían realizado la amniocentesis: el líquido amniótico estaba infectado. En ese momento empezaron a correr, cuando realmente descubrieron que la infección era por Listeria.

Llamé a mi doctora y, al comunicárselo, se quedó callada durante unos segundos. Lo único que me pudo decir fue: «Llevo treinta años ejerciendo como ginecóloga y es el primer caso que veo».

Voy a resumiros qué es la Listeria y la infección que provoca, la listeriosis, para poder continuar y expresar lo que sentí en ese momento y durante muchos años, culpabilidad.

La infección por Listeria es una enfermedad bacteriana transmitida por los alimentos que puede ser muy grave para las mujeres embarazadas. La causa más común es comer fiambres inadecuadamente procesados y productos lácteos no pasteurizados.

Las personas sanas rara vez se enferman por una infección de Listeria, pero la enfermedad puede ser mortal para los bebés por nacer, los recién nacidos y las personas con sistemas inmunitarios debilitados. El tratamiento rápido con antibióticos puede ayudar a controlar los efectos de la infección por Listeria.

La bacteria de la Listeria puede sobrevivir a la refrigeración e incluso a la congelación. Por lo tanto, las personas que corren un mayor riesgo de sufrir infecciones graves deben evitar comer los tipos de alimentos con mayor probabilidad de contener la bacteria de la Listeria.

Yo jamás había escuchado hablar de ella. Así como la toxoplasmosis sí que es conocida y la controlan siempre, de la listeriosis no sabía nada.

Hice lo que no te recomiendan que hagas: buscar en Google. Al descubrir en qué consistía, automáticamente mi cabeza empezó a dar vueltas. Justo el fin de semana anterior, habíamos estado en un hotel con unos amigos y nuestros hijos. Nos quejamos de la comida del restaurante porque era escasa y algo grasienta. Yo comí mucho queso, con las ensaladas, con galletas..., ¡me encanta el queso! Y, al parecer, la bacteria denominada Listeria se encuentra principalmente en quesos o lácteos no pasteurizados y verduras.

Por una parte, dentro de mi ignorancia, me sentía tranquila, ya que, en la mayoría de los casos, los bebés fallecen sin que se pueda hacer nada por ellos, y el mío había superado al bicho. Además, mi cuerpo me había avisado poniéndome de parto porque algo no funcionaba. Existía la posibilidad de que yo no hubiera tenido ningún síntoma y Jaime hubiera fallecido dentro de mí; pero no, él luchó lo que no está escrito para dar una lección de vida a muchísima gente, a mí la primera, y también para que yo ahora esté escribiendo este libro, no ya por lo orgullosa que estoy de él, sino también para ayudaros a valorar la vida.

Me bajaron a quirófano y lo vivido allí fue indescriptible. Médicos, enfermeros y enfermeras corrían de un lado a otro sin parar y mi corazón parecía que iba a estallar. Yo estaba totalmente callada, solo lloraba y lloraba. Las lágrimas brotaban de mis ojos sin parar pensando en mi bebé, mi hijo Jaime, que estaba sufriendo, y yo no podía hacer nada por él.

Al momento me pusieron la anestesia llamada raqui, de la que jamás había oído hablar. Según me comentaron mientras me preparaban, es una «epidural» de corta duración. Es decir, me la ponían, hacía efecto y me realizaban la cesárea.

A los pocos minutos de ponérmela, me echaron líquido en la barriga y piernas mientras me preguntaban si notaba algo. Yo les decía que sí cada vez, ya que el líquido caía desde mi barriga hasta las piernas. De repente noté un dolor tremendo, intenso, y olor a carne quemada. En ese momento grité y ya desperté en la sala de reanimación. Efectivamente, la sedación no había hecho efecto por completo, pero, por la urgencia y para salvar a mi bebé, procedieron a abrir.

Al despertar, dejaron entrar a mi marido. Jamás olvidaré su rostro lleno de lágrimas, reflejaba preocupación y, a la vez, felicidad. Me enseñó una foto de Jaime y casi muero de amor. Tan bonito, un color precioso, y yo dando gracias a la vida porque, dentro de la gravedad, estaba estable.

Eran alrededor de las siete de la tarde del 18 de junio del 2009. Me subieron a la habitación sin poder verlo, pero yo estaba trañquila porque sabía que cuidaban de él y que en unas horas podría conocerlo.

Hasta su nacimiento, no me había planteado la opción de darle pecho. Con mi hija, que también nació por cesárea, lo intenté, pero no tuve lo que llaman subida de leche, pero con Jaime, al haberme puesto de parto, mi cuerpo reaccionó diferente y al final decidí que sí. Mis mamas lo pedían a gritos, así que mi marido fue a comprar un sacaleches y así estuve durante los 85 días que Jaime estuvo hospitalizado. Por la noche me ponía el despertador cada tres horas y me sacaba leche para mi bebé. La tenía que congelar porque iban surgiendo más y más complicaciones.

Estuve ingresada cuatro días por la cesárea y por listeriosis. Cada día a la una y media de la tarde íbamos a la UCIN (Unidad de Cuidados Intensivos para Neonatos) para poder ver a Jaime y nos pasaban el informe de su situación. En principio todo iba bien, pero Jaime no hacía caca ni comía, aunque lo alimentaban por vía nasogástrica. Resulta que tenía un bloque de meconio en el intestino que no le dejaba aceptar la leche, puesto que no tenía sitio. Afortunadamente, mientras le realizaban una prueba, consiguieron romper aquel bloque y Jaime empezó a expulsar lo acumulado dentro y ya empezó a poder tomar leche.

Justo a los diez días de nacer, cuando él estaba estable y aparentemente recuperándose, nos dan la fatídica noticia: «Vuestro hijo tiene una hemorragia cerebral severa». ¿Cómo? ¿En serio? No nos lo podíamos creer, y de nuevo el mundo se nos vino abajo. Cabía la pequeña posibilidad de que la hemorragia se reabsorbiera, pero en su caso era tan grande que todo indicaba que iba a empeorar, y así fue.

Al día siguiente nos informan que el equipo médico ha decidido ponerle un reservorio bajo la piel para poder pinchar diariamente e ir sacando el líquido cefalorraquídeo, que estaba infectado con la sangre de la hemorragia, hasta poder quitarla toda y colocar una válvula con derivación peritoneal.

La doctora Armengol, neurocirujana que realizaba el seguimiento de Jaime, nos dio muy poquitas esperanzas. En ese momento pesaba un kilito y, aunque la intervención era relativamente sencilla para una persona o un bebé en condiciones normales, al realizarla en una cabecita tan pequeña se convertía en algo muy complicado.

Recuerdo cogerle la mano a la doctora y decirle entre lágrimas: «Confiamos en ti». A ella se le empaparon los ojos de lágrimas y nos dijo: «Gracias, haré todo lo esté en mi mano».

Al cabo de un par de horas, nos informan que ha ido todo bien, pero debíamos esperar las primeras veinticuatro o cuarenta y ocho horas para ver cómo aceptaba su cerebro un cuerpo extraño. Respiramos aliviados porque nuestro hijo había superado una complicadísima intervención y ya no estaba en el quirófano, pero, muy a nuestro pesar, todo se complicó.

Durante la intervención quirúrgica, a Jaime se le infectó el reservorio y, en consecuencia, el líquido cefalorraquídeo, lo que le provocó nuevamente meningitis. Lo tenían que operar de urgencia para cambiar el reservorio de sitio y medicar. Recuerdo como si fuera ahora mismo ese momento. Mi bebé, con un kilo de peso, con la cabeza totalmente vendada, en coma, llevado de nuevo a quirófano y, por parte de los médicos, cero esperanzas de que saliera con vida. Pues sí, salió con vida, despierto, comiendo, cogiendo peso y luchando cada día como el gran guerrero que fue durante toda su vida.

A partir de ese momento y durante 45 largos días, lo pinchaban a diario e iban sacándole el líquido hasta que un día salió transparente, era el momento tan deseado y esperado por nosotros, le iban a poner la válvula. Eso significaba que Jaime mejoraba, se estabilizaba, y en breve nos marcharíamos a casa y comenzaríamos una vida en familia.

Llegó el gran día. Con mucho miedo, pero a la vez contentos, esperamos mientras proceden a colocar la válvula a nuestro campeón. Tras varias horas en el quirófano, nos informan que ha ido todo genial y que Jaime está en Cuidados Medios. ¡Eso fue lo más! Pasar de la UCI de Neonatos a Cuidados Medios era un gran paso para su salud y para la nuestra.

Cuando nos dejaron ver a nuestro hijo en Cuidados Medios, observamos que no despertaba y tenía bradicardias. El médico de urgencias nos decía que era normal, pero nosotros sabíamos que no, algo estaba pasando. Gracias a Dios, aguantó toda la noche, porque hasta la mañana siguiente no le realizaron una resonancia magnética para darse cuenta de que tenía una hemorragia epidural que no le permitía despertar: estaba en coma de nuevo.

Jamás olvidaré la cara de ese médico que me trató de loca e histérica. No lo volví a ver más por el hospital, ¿casualidades de la vida? Bajaron de nuevo a Jaime al quirófano para cortar la hemorragia y después lo llevaron de nuevo a la UCI de Neonatos. Fueron tres largas horas que se nos hicieron eternas. Mi marido y yo estábamos en la sala de espera sin hablar, ni siquiera nos mirábamos. Estábamos derrumbados, destruidos, y yo, personalmente, sin parar de rezar.

Aquellos momentos de inmensa angustia fueron más llevaderos gracias a mi marido. Él me decía que no fuera negativa, y la verdad es que la esperanza nunca la perdí, pero sentía una gran pena en lo más profundo de mi alma al no poder hacer nada por nuestro hijo.

Afortunadamente, subió de quirófano despierto, con muy buena carita, y nosotros respiramos de nuevo. Podíamos cogerlo a diario para estar piel con piel, esos momentos son indescriptibles. Sentir ese cuerpecito tan tierno, tan pequeño, pero tan bien hecho que se quedaba pegadito a mi cuerpo durante las tres horas que podía estar con él. Nos turnábamos papá y mamá, lo besábamos sin parar, le cantábamos nanas, le hablábamos de su hermana Paula, que deseaba con todas sus fuerzas conocerlo, y sobre todo le intentábamos transmitir paz, fuerza y serenidad.

Irse del hospital dejando a tu bebé ahí era un momento muy angustioso. No podía evitar preguntar quién era el enfermero o enfermera que estaba con Jaime cada noche, porque, aunque hay muy buenos profesionales, a otros hay que darles de comer aparte. Está claro que en todos lados y en todos los oficios pasa, hay personal competente e incompetente, pero en un hospital deberían ser todos muy profesionales. Si me pusiera a contar situaciones que hemos vivido, podría escribir otro libro.

A pesar de no podernos quedar por la noche, nos permitían llamar en cualquier momento para saber cómo estaba el bebé. Mi mente, automáticamente, me despertaba cada noche a las dos de la madrugada. Llamaba al hospital para preguntar si estaba bien, así dormía más tranquila. La mayoría de veces tenía unas décimas de fiebre, más adelante descubriríamos el porqué. La Unidad de Cuidados Intensivos de Neonatos estaba muy bien equipada, pero no dejaba de ser un nido de virus y bacterias. Jaime ya tenía los bracitos, las manos, los pies, incluso la cabeza, llenos de marcas de las vías que debían ponerle para suministrar los diferentes medicamentos. Esas marcas jamás se le fueron, y nosotros le decíamos que eran marcas de guerra, porque era un luchador nato, y él sonreía, se comparaba, porque lo era, con un superhéroe.

Alta hospitalaria

«Las coincidencias, a veces, son señales misteriosas de la vida en las que hay que creer»
R. Battaglia

Ahora entenderéis perfectamente a qué me refiero.

La fecha prevista de parto era el 10 de septiembre del 2009, mismo día en que le dieron el alta hospitalaria a Jaime. Mucha coincidencia, ¿no? Sobre este tema hay muchos tipos de opiniones. Desde mi parecer, prefiero que cada uno tenga la suya.

Ese día fue maravillosamente espectacular.

Mi hija Paula tenía cinco años y, dentro de lo pequeña que era, se comportó como una auténtica campeona. Tuvo que madurar más rápido de lo normal, ya que pasó de estar siempre con nosotros a pasar con los abuelos todas las tardes para que pudiéramos estar con Jaime. Eso sí, después la recogíamos, cenábamos juntos, dormía en casa y por la mañana la llevábamos al colegio. Fue complicado más que nada por nuestro estado de ánimo; pero, pensándolo ahora, ella fue nuestra fuente de energía, jamás se quejó y desde el primer momento entendió que su hermanito estaba en el hospital y también teníamos que estar con él.

El día del alta hospitalaria de Jaime, queríamos estar todos juntos para recibirlo. Recogimos a Paula a mediodía en el colegio y nos dirigimos al hospital. Las maravillosas enfermeras de la sala de cunas ya tenían a nuestro principito vestido de marinerito. Apenas pesaba dos kilos, pero a nuestros ojos estaba... ¡rechonchete!

Paula no podía entrar y el salir con él en brazos fue un momento mágico. Por fin estábamos los cuatro juntos. Muy emocionados, salimos del hospital como si no hubiera un mañana porque deseábamos llegar a casa. Era un momento que habíamos soñado durante ochenta y cinco eternos días. Reconozco que, por una parte, tenía miedo. Con todos los problemas que había tenido Jaime, las intervenciones, las meningitis y las hemorragias, yo iba más que nerviosa, pero la ilusión de tener a nuestro hijo en casa, nuestro bebé, que había superado lo insuperable, al que en varias ocasiones habían dado por muerto, me transmitía fuerza, muchísima fuerza para confiar en mí, en mi marido, en el universo, y empezar a vivir la cantidad de momentos felices y de puro amor que nos regalaría Jaime hasta el día de su partida.

Asimilar una nueva vida todos juntos

Echo la vista atrás intentando ser más positiva al recordar el momento en el que por fin, teóricamente, nuestro hijo dejaba de sufrir y de enfrentarse a situaciones muy complicadas, y no fue fácil, pero ¿sabéis qué?, en aquel momento el miedo se convertía en fuerza, el temor en valentía y el amor que estábamos recibiendo era tan y tan grande que me daba igual no dormir o despertarme cada media hora, no me importaba seguir sacándome leche cada tres horas, es más, me pasaba la noche en vela porque, cuando Jaime dormía, yo lo observaba para ver si respiraba, si estaba tranquilo, miraba sus manitas abiertas, señal de relajación y descanso. Deseaba que despertara para poder cogerlo, abrazarlo, besarlo, decirle una y mil veces que lo quería, que lo amaba, me pellizcaba para reaccionar y saber si era un sueño o era real, mi bebé estaba en mis brazos después de tanto y tanto sufrimiento, luchando por vivir cada segundo desde su nacimiento.

Las consultas médicas en los diferentes especialistas eran continuas. ¡Qué ignorantes éramos de la situación! Pero, si Jaime luchaba y había luchado lo que no está escrito, ¡¿qué íbamos a hacer nosotros?!, pues comernos el mundo, sí señor, y eso fue lo que hicimos desde que fuimos conscientes de lo que nos quedaba por delante. Tenía clarísimo que a mi hijo no le iba a faltar de nada, aunque tuviera que mover cielo, tierra, mar y aire. Así fue.

Al darnos el alta hospitalaria, nos entregan un papel con un número de teléfono al que debemos llamar para informarnos del proceso a seguir por haber sido prematuro. Llamo y me dan cita para dentro de un mes. Al mismo tiempo, me asignan doctora en el ambulatorio de mi zona, con la gran suerte de coincidir con Mª Jesús Andreu. Quiero dedicarle unas líneas porque fue una grandísima profesional, cercana, realista, empática y maravillosa. Jaime siempre le soltaba alguna chorrada de las suyas y ella se reía y le seguía el rollo. A mi hijo, cuando ya tenía uso de razón, ir al ambulatorio no le suponía ningún trauma, al revés, me preguntaba: «¿Vamos a ver a Chusa?», y, al contestarle que sí, se ponía muy contento. Entrar por la puerta de la consulta y que lo recibiera con un gran «Hola Jaime, qué guapo y mayor estás» nos daba a ambos mucha paz interior, tan y tan importante en esos momentos, y realmente en todos en los que está en juego la salud.

Ella nos indicó desde el inicio el proceso a seguir para organizar terapias y ayudar lo máximo a Jaime para tener la mejor calidad de vida.

Para empezar, desde el SVAP (Servicio de Valoración y Atención Temprana), nos envían a realizar una valoración y le asignan un porcentaje de discapacidad viéndolo diez minutos. Desde mi punto de vista, fue ridículo. Le pautan sesiones, de nuevo ridículas, de fisioterapia para ver cómo evoluciona..., alucinante; pero, como os comentaba antes, la ignorancia nos invadía y hacíamos lo que nos decían.

Por suerte, conocí a Teresa Torres, mamá de una niña con discapacidad llamada Alba, mi rubia. Nació el mismo día que Jaime, pero tres años antes. Es increíble la cantidad de coincidencias que he tenido durante la vida, esta es una de ellas. A Tere la quiero con locura. Hoy en día es una de las personas a las que más valoro en este mundo. Le ha tocado una guerra, ya no una lucha, sino una gran guerra para poder sacar a su hija adelante. Le ha dado todo lo que ha podido y más, ayudando al mismo tiempo a otras personas en su situación.

Durante los nueve años que mi hijo estuvo entre nosotros, conocimos a muchas familias en nuestra misma situación. Algunas con mayores ingresos económicos, otras con menos; pero, al fin y al cabo, con el mismo propósito: ayudar a nuestros hijos a tener la mejor calidad de vida posible. Tere me informó de las diferentes terapias que podía realizar Jaime para mejorar, le estaré eternamente agradecida, porque gracias a ella entraron en nuestras vidas profesionales muy cualificados.

Cuando llegamos a casa, Jaime tenía tres meses de vida, pero parecía recién nacido. Pesaba apenas dos kilitos y cien gramos y yo como madre estaba tremendamente asustada. Tened en cuenta que en el hospital estaba todo el día monitorizado, si en algún momento le bajaba la saturación, le ponían un poquito de oxígeno, si tenía alguna apnea, el monitor avisaba y bastaba con tocarlo para que volviera a respirar, de hecho, la mayoría de las familias que conocimos en el hospital en nuestra misma situación se compraron el detector de apneas, pero eso no funcionó. Es como una mantita que pones debajo del bebé, pero juega malas pasadas, porque tiene los sensores de aquella manera y para nosotros era una angustia constante. Si lo pienso ahora, después de lo vivido, tengo clarísimo que actuaría de otra manera. Actualmente, pienso que vida hay una, hay que disfrutar al máximo cada segundo de luz que tenemos haciendo lo que realmente nos llena, aunque sea dormir la siesta.

Durante los ochenta y cinco días que estuvimos en el hospital, conocimos a muchas familias con las que todavía mantenemos contacto. Cuando estás en la sala de espera de la UCIN, parece que estás en un mundo y, cuando entras en ella, es otro mundo. Jamás olvidaré el olor tan peculiar que tenían aquel pasillo y aquella sala donde había una media de diez bebés prematuros o con problemas que necesitaban de cuidados intensivos. No se lo deseo a nadie, pero nosotros pasamos por ello y lo afrontamos con todas nuestras fuerzas.

Coger el toro por los cuernos

Cuando estás tanto tiempo ingresado en un hospital, sales de él con miedo, en el sentido de que, cuando vas a visitar a tu hijo o hija, tienes que lavarte las manos con jabón especial, ponerte bata, peucos y gel hidroalcohólico en las manos. Se nos llegaron a pelar de tanto ponernos. Y a este respecto otra queja hacia los sanitarios. Ellos entraban y salían de la UCIN a merendar y fumar, algo a lo que tienen derecho, pero en muchas ocasiones pudimos comprobar que ni se cambiaban la bata, la higiene era escasa, y ¿qué hacíamos los padres?, callarnos, y ¿por qué?, por miedo, ¿a qué?, pues a que ellos se quedaban con nuestros hijos cuando no estábamos. No quiero poner en duda si estaban bien atendidos los bebés, ¡solo faltaría!, pero allí dentro se viven situaciones dolorosas y otras indignantes.

Todo esto lo comento porque, al llegar a casa, la familia y amigos estaban ansiosos de conocer a Jaime y de poder acariciarlo. La primera en tenerlo en brazos fue mi hija, su hermana, nuestra Paula. Compartiré la instantánea del momento, la primera foto de los dos hermanos juntos. Fue un momento maravillosamente fantástico, pero ¿sabéis una cosa?, pensándolo y recordándolo hoy en día, no lo disfrutamos tanto por el miedo que nos invadía. Triste, ¿verdad?, pero fue inevitable. No me voy a lamentar ahora de eso, porque lo hicimos lo mejor que supimos y mi hija era feliz.

Poquito a poco íbamos recibiendo visitas, de abuelos, abuelas, familia en general y amigos. Todos ansiaban conocer a Jaime y, cuando entraban en casa, sus caras hablaban por sí solas. No sabían qué hacer ni qué decir, a mí me hubiera pasado igual; pero, al mirarnos a los ojos y ver que éramos una familia feliz al tener a nuestro hijo entre nosotros, las emociones brotaban de las miradas, unas de alegría, otras de compasión y algunas de ternura.

Debido a las intervenciones quirúrgicas y el desarrollo, Jaime tenía la fontanela muy grande, más de lo normal. Eso nos permitió darnos cuenta de que la válvula no funcionaba, ya que la fontanela se abultó debido al líquido que estaba reteniendo, estaba obstruida. Era el 12 de octubre del 2009.

Enseguida nos fuimos a Urgencias y tuvieron que operar de nuevo a Jaime. ¡No me lo podía creer! A la mayoría de las personas les funciona a la primera, pero a nuestro hijo se le había obstruido.

Era un fin de semana por la noche y llamaron desde Urgencias al neurocirujano. Apareció al rato un doctor al que no habíamos visto nunca, pero sí habíamos oído hablar de él. Confirmamos los rumores que corrían sobre su poca empatía. Apenas se dirigió a nosotros para explicarnos cómo iba a proceder y, aparte de firmar el consentimiento sin parar de llorar, no tuvimos otra opción que ser positivos y rezar, suplicar al universo, a la vida, para que la intervención saliera bien, y ¿sabéis qué?, salió fenomenal. A partir de ese día, la válvula no se volvió a obstruir, funcionó perfectamente durante toda la vida de Jaime. Este es un gran ejemplo de que no hay que juzgar por las apariencias y pensar en positivo, no solo en estos casos, sino ante todas las situaciones de la vida. Yo aprendí a no prejuzgar nada ni a nadie.

Su recuperación fue espectacular y en un par de días estábamos en casita. Jaime estaba como si nada hubiera pasado, pero la preocupación seguía en nosotros. Ver a un ser tan pequeñito e indefenso que estaba superando la gran cantidad de adversidades que le ponía la vida nos daba una gran alegría, pero al mismo tiempo nos invadía una gran pena. Era una batalla de sentimientos encontrados que no nos dejaban disfrutar de la paternidad como habíamos soñado.

La alimentación de Jaime fue bastante complicada. De bebé, no era nada comilón y en muchas ocasiones vomitaba lo que había comido. A raíz de eso, le hicieron varias pruebas médicas para confirmar que no tenía problemas de deglución y que la comida no se le iba hacia los pulmones. Gracias a Dios, todo salió bien. Más adelante, debido a la deformación de su cráneo y posteriores complicaciones, averiguarían el punto clave de lo que estaba sucediendo. Se le habían formado varios nódulos que le estaban creciendo en el bulbo raquídeo. Hasta que Jaime no tuvo nueve años, no fuimos conscientes de ello, y la lucha por parte de nuestro pequeño gran héroe seguía hacia adelante, y siempre con una sonrisa.

En el hospital público tuvimos la gran suerte de conocer al doctor Miguel Fiol, que fue el médico principal que llevó a nuestro hijo durante todo el ingreso al nacer, y pudimos mantener contacto particular con él, ya que tenía consulta privada. Cabe destacar de este médico su gran profesionalidad, empatía y realismo. Gracias a él, poco a poco fuimos más conscientes de la situación, ya que por desgracia la mayoría de especialistas no dicen las cosas claras, por norma general tienden a decir lo negativo, lo peor de lo peor que puede pasar. Por este motivo, he tenido bastantes intercambios de opiniones con ellos, puesto que en ocasiones sientes que no les importa nada, y menos la situación de tu hijo, y menos todavía lo mal que lo pasamos los padres y otros seres queridos.

Miguel Fiol nos ayudó muchísimo en infinidad de ocasiones. Quiero contaros una en concreto para animaros a luchar antes de rendiros e ir a lo cómodo, suena raro, lo sé, pero ahora lo entenderéis. Los vómitos de Jaime se agravaron cuando tenía menos de un año. Acudimos a la consulta del doctor Fiol porque en una semana nuestro hijo había perdido peso. Nos dijo que no era buena señal y que debíamos realizar un control muy estricto. A la semana siguiente volvimos y Jaime había perdido medio kilo. En un cuerpecito tan pequeño y con el peso muy justito desde siempre, nos recomendó ponerle el botón gástrico para controlar bien lo que comía y evitar que se adelgazara más, también para asegurarnos de su correcto desarrollo. El botón gástrico es una sonda de silicona transparente que se coloca a través de la piel del abdomen hasta el estómago. Sirve para alimentar al niño o niña, darle la medicación y descomprimir el estómago. Puede tener diferentes complicaciones, como infección, se puede salir, su cuidado e higiene deben ser muy estrictas y, en la mayoría de los casos, supone no comer por la boca. Desde el primer momento nos negamos en rotundo. Entiendo que era una buena solución para los niños y niñas con problemas de deglución, pero no era el caso de nuestro hijo. Le pedimos al doctor una semana de plazo para encontrar algún método para que Jaime comiera más y cogiera peso. Obviamente, si en un par de días hubiéramos visto que la cosa no funcionaba, tendríamos que haber aceptado y pasar de nuevo por quirófano para que le pusieran el botón gástrico.

Al llegar a casa, una fuerza interior me llevó a la farmacia y compré jeringuillas de diferentes mililitros y espesante para la comida que nos habían recetado. Siempre probaba todo lo que le recetaban a Jaime para saber qué sabor tenía, no sé, quizás una manía, y al probar el puré con espesante fue bastante difícil de tragar, así que decidí intentar darle la comida con jeringuilla sin espesante. Me informé de cómo lo podía hacer para que no se atragantara, ya que era «obligarlo» a comer y, sinceramente, no quería más complicaciones de las que ya teníamos. El truco era darle de comer por la comisura de la boca, así lo tragaba sin apenas darse cuenta. Apartamos el biberón, nunca le gustó, y procedimos a darle de comer todo con jeringa. Comprobamos que él aceptaba muy bien la comida de esta manera y se convirtió en un hábito, ¡dichoso hábito!

Nuestra gran sorpresa y la del doctor Fiol fue que, a la semana, cuando fuimos a su consulta para la revisión, nuestro pequeño había engordado el medio kilo que había perdido. Yo, personalmente, iba positiva, porque mi pequeño estaba comiendo y era imposible que hubiera perdido peso, jamás olvidaré la cara del doctor cuando lo pesó. Me miró y me dijo: «Lo que pierdes tú lo ha cogido él. ¿Cómo lo has hecho?». Yo me puse a llorar de la emoción y le conté cómo lo estaba haciendo. Aparte de darme la enhorabuena, que ya es mucho viniendo de un gran profesional como es él, me dijo las siguientes palabras, que jamás olvidaré: «Antonia, cuando nació Jaime, los médicos de la UCIN pensábamos que no sobreviviría. Hicimos todo lo posible, y aquí está, es un niño milagro. Estas cosas nos enseñan a todo el personal sanitario que hay que luchar por cada uno de los casos que tenemos. Mientras haya vida, hay esperanza, y Jaime me lo ha demostrado a mí y a muchos especialistas más. Sois unos grandes padres». ¡Salí de la consulta más feliz que una perdiz! Miré a mi hijo y me salió un «gracias». A partir de entonces, la doctora Mª Jesús Andreu, que era su pediatra de familia, se encargó de controlar su alimentación y cada semana iba cogiendo peso.

A medida que íbamos introduciendo alimentos en su dieta, le cogió el gustito a comer. La verdad es que comía prácticamente lo que nosotros. Compramos un robot de cocina y lo trituraba muy bien, así era más fácil para dárselo con la jeringa. Llevábamos jeringas por todos lados, teníamos en casa de los abuelos, de los tíos, en los bolsos, por todo. Recuerdo que la gente nos miraba cuando íbamos a un restaurante o a algún sitio, y, bueno, al principio molestaba, no voy a decir lo contrario, pero, sinceramente, la incomodidad me duraba unos segundos porque, como se dice, se ponía como el Quico.

Un inconveniente de este método de alimentación es que internamente nos creó mucho miedo a darle comida sólida por temor a que se atragantara. En este aspecto nos ayudó muchísimo la pedagoga Eugenia Romero, del colegio en el que empezó Jaime a los cuatro años recién cumplidos.

La lucha con amor por su recuperación

Cuando Jaime tendría dos añitos, fuimos a una de las revisiones en Neuropediatría. Acudíamos cada tres meses más o menos a visitar a la doctora Ruiz. Sinceramente, cuando teníamos cita con ella, yo sentía una angustia muy profunda porque hablaba demasiado claro, en ocasiones se excedía, siempre se ponía en lo peor, lo que me hizo llorar y enfrentarme a ella en más de una ocasión, pero, a pesar de todo, ella fue quien detectó y solucionó el gran problema de Jaime, aunque al final ya no lo soportó.

Podría contar muchas situaciones, pero me quedo con una muy positiva que fue la que nos lanzó a comernos el mundo.

La revisión de ese día fue especial. Jaime, en según qué aspectos, avanzaba a pasos agigantados. Nos preguntó qué terapias estaba haciendo y, en ese momento, solamente acudía a fisioterapia en un centro privado dos días a la semana y uno más en el público. Le comentamos lo costosas que eran las terapias y nos dijo: «Es una pena que Jaime no pueda hacer todas las terapias que necesita, porque su evolución es muy buena». Que ella nos dijera eso era como un milagro, y nuestras cabecitas empezaron a dar vueltas a esas palabras, hasta que, en lugar de pensar y pensar, decidimos actuar.

Recaudación de fondos

El saber no ocupa lugar, y me volví casi una profesional del sector porque no paraba de informarme en asociaciones, visitando a médicos de otras ciudades, mediante conversaciones con familias en nuestra misma situación, etc., así que decidimos ir a Institutos Fay en Madrid. A través de la asociación de Bertín Osborne y la que es ahora su exmujer, supimos que su hijo también había nacido con listeriosis y su situación era muy similar a la de Jaime, así que decidimos probar el tratamiento que su hijo estaba llevando a cabo. Viajamos hasta allí, estuvimos un día y medio en el que lo valoraron diferentes especialistas y volvimos para casa con unas pautas y ejercicios a realizar diariamente con nuestro hijo. La consulta costó mil quinientos euros, y aparte los traslados, pero vinimos contentos. A los tres meses teníamos que volver para que valoraran de nuevo a Jaime. La segunda valoración fue de unas tres horas y mil doscientos euros, con traslados aparte de nuevo, y teníamos que seguir así constantemente. La verdad es que económicamente no nos lo podíamos permitir. Un hijo trae muchos gastos, pero un hijo con tetraparesia comporta muchísimos más. Para poneros un ejemplo, el cochecito de paseo junto con los accesorios ortopédicos necesarios nos costó casi cinco mil euros, increíble, ¿verdad? La parte ortopédica es vergonzosa, en lugar de facilitar las cosas o recibir ayudas, considero que se aprovechan de la situación de las familias, ya que, aunque tengas que vender un riñón para darle lo necesario a tu hijo o hija y que pueda tener la mejor calidad de vida posible, lo harás.

Llegados a este punto, en plena crisis económica, no podíamos hacer ninguna campaña para que la gente nos ayudara económicamente, así que contactamos con Fundación SEUR y realizamos una recogida de tapones en la que toda Mallorca y también Ibiza se volcaron por completo. Mando un agradecimiento a Domi, por venir exclusivamente desde Ibiza a Palma con su furgoneta llena de tapones de plástico que había recogido en Piruleto Park. El día que estuvo con nosotros también lo aprovechamos y me acompañó a diferentes puntos de la isla a recoger muchísimos tapones y llevarlos a la recicladora. Hay que destacar su gran iniciativa, su solidaridad y empatía. Le estaremos eternamente agradecidos por ese acto de bondad y por el amor que nos transmitió tanto a nuestro pequeño como a nosotros. Fue increíble.

Todos, familia y amigos, se involucraron muchísimo y llegamos a recoger cuarenta toneladas de tapones en tres o cuatro meses. Fue increíble lo que se volcó la gente, salimos en televisión, prensa y radio. Se dicen rápido cuarenta toneladas, pero os puedo asegurar que son muchísimos tapones. Teníamos diferentes puntos donde los íbamos guardando y, madre mía, SEUR alucinó cuando los recogió. Gracias a su fundación, nos dieron unos ocho mil euros por los tapones y los invertimos en un caminador para Jaime y tratamientos intensivos de fisioterapia, entre otras cosas.

Mi amiga Julia Barceló creó una página en Facebook, «Jaume, tapones solidarios», en la que íbamos informando de todo a los seguidores, puesto que se lo merecían, y lo hacía con todo el cariño del mundo. En aquellos tiempos, apenas manejaba las redes sociales. Agradezco de todo corazón a Julia su ayuda al crear la página. También quiero agradecer a Esther Rosell y Paco Lamas su ayuda inmediata en la recogida de tapones, ya que la empresa donde trabajaba Paco fue el primer punto de recogida fijo que tuvimos.

De repente, un día suena el teléfono, llamaban de Telecinco. Me informaron que, en breve, el programa *Sálvame* iba a integrar un espacio denominado *Sálvame te ayuda*. Habían visto el caso de Jaime y querían que les explicara la situación y nuestro propósito para exponerlo en una reunión y, si éramos seleccionados, se pondrían en contacto de nuevo. Cuál fue nuestra sorpresa cuando, al día siguiente, me llaman y nos dicen que estamos dentro. Me llamaron un lunes y el miércoles estábamos en plató. Esto me demostró que todo esfuerzo tiene su recompensa, y para allá nos fuimos. Fue una experiencia inolvidable, mi hija Paula vino con nosotros y lo disfrutó muchísimo. Conoció a Chiqui, colaboradora en ese momento del programa, que muy amablemente vino a la sala donde estábamos para saludarnos, un amor de mujer, gracias. También queremos dar las gracias a Jorge Javier Vázquez, que fue un gran anfitrión; Mila Ximénez, que realizó una donación de mil euros para ayudar en la compra del cochecito de Jaime, y en general a todo el equipo que se acercó para hablar con nosotros cuando terminó el programa.

Llega la hora de salir a plató y fue todo fenomenal. Como he comentado, los colaboradores encantadores, Jorge Javier Vázquez increíble, Mila Ximénez, que en paz descanse, estuvo con nosotros junto con Kiko Hernández dándonos cariño. Fue muy muy emotivo, pero, en un momento dado, debido a la prepotencia de una persona, la situación, al menos para mí, se volvió algo incómoda.

Nosotros pedíamos ayuda para poder seguir realizando el seguimiento de la evolución de Jaime en Madrid. Llamaron de Air Europa y, durante dos años, tuvimos los viajes gratuitos para cualquier tipo de consulta o necesidad que tuviera nuestro hijo en la Península. Eso ya fue total y, mirándolo hoy en día, lo que más nos ayudó.

Posteriormente nos dicen que tienen una sorpresa para nosotros y aparece en plató el gerente de Institutos Fay. Voy a respirar profundamente antes de continuar porque, tela marinera, queridos lectores, increíble cómo quiso lucrarse este señor de la situación. Al verlo aparecer en plató, nos pusimos muy contentos, puesto que era señal de que nos quería ayudar. Lo saludamos muy cordialmente, se sentó y explicó un poquito la labor que realizaban. Hasta ahí todo bien, pero de repente dijo una frase que me dejó fría: «Yo jamás le he negado tratamiento a nadie, incluso a ellos se lo he ofrecido gratis, pero por temas de traslado lo han rechazado». Os prometo que intenté reprimirme, pero con los hijos no se juega, y menos con temas tan delicados, entonces no me pude callar, puesto que era mentira, y lo único que le dije frente a cámaras fue: «¿Perdona?». En ese momento, él siguió hablando, y fue cuando Jorge Javier Vázquez dijo: «La madre de Jaime quiere decir algo». En ese momento podría haber montado en cólera, pero me controlé y solamente le dije: «Eso no es verdad. Si a nosotros nos ofreces el tratamiento gratuito, venimos, aunque sea nadando, bueno, nadando no se puede, pero aunque sea en helicóptero». La entrevista terminó y el programa también. Tras cámara sí que le dije que era un sinvergüenza, que había jugado con nosotros delante de toda España y que me parecía patético. En ese momento, vino la redactora que nos había contactado al inicio del proceso para ir a *Sálvame* y nos dijo que este señor había puesto como condición aparecer en plató para darnos la terapia gratuitamente. Se negó a hacerlo telefónicamente como otras empresas y el programa aceptó. El coche de Telecinco nos llevó al aeropuerto a toda prisa porque ya era tarde, y yo estaba con muy mal sabor de boca. Incluso cuando estábamos en el avión ya sentados, me llamó de nuevo la redactora para pedirnos disculpas. Ella no tenía culpa de nada, al revés, se volcó muchísimo con nosotros y en nuestra situación. Gemma, muchas gracias por todo.

La historia con este señor no termina aquí, y hago hincapié en el tema porque no quiero que se lucren con las personas desesperadas como estábamos nosotros en nuestra misma situación, pero, como bien se dice, el tiempo lo pone todo en su lugar.

Llegó el día de viajar para la primera consulta tras el programa y tuvimos el gran placer de coincidir y pasar el día con Ion Aramendi y un compañero suyo, ya que venían a grabar junto a nosotros el tratamiento que realizaba Institutos Fay, y al finalizar nos realizaron una entrevista. Tengo que agradecer al personal del programa la gran atención que tuvimos por su parte y el interés que mostraron para comprobar que todo funcionaba y se organizaba tal y como nos habían prometido. Posteriormente, se iban a publicar algunas de las imágenes que grabaron durante todo el día, pero por desgracia aquella sección del programa desapareció.

Cuando volvimos a casa, valoramos todas las revisiones y ejercicios que nos habían enviado, y alguno de ellos no era apto para nuestro Jaime. Intentamos realizarlo, en las consultas de fisioterapia también; pero, debido a los daños cerebrales de nuestro hijo y tras barajar todas las opiniones de los diferentes especialistas a los que visitábamos, decidimos realizar las terapias y ejercicios que consideraban y considerábamos que le iban mejor, según su evolución. Hasta el año, más o menos, no empezamos a detectar algunos de los problemas que tenía nuestro hijo. Él era muy chiquitín y, si no fuera por las cicatrices que tenía en la cabecita, se lo veía un bebé prematuro sin más, pero poco a poco se fueron manifestando las secuelas de todo lo sucedido.

Al volver a Madrid, todo había cambiado. En menos de dos horas ya habían evaluado a Jaime, cuando normalmente estábamos todo un día, y nos pasaron al despacho del director del centro.

El trato que recibimos en esa reunión, para mí, no fue el adecuado. Su actitud era distante y seca, pero bueno, al principio pensé que podía tener un mal día. Nada más sentarnos, nos dijo que veía una buena evolución de Jaime y que no era necesario que volviéramos hasta dentro de seis meses. Con toda nuestra buena intención, le explicamos los tratamientos que hacíamos en general y fuimos muy sinceros, contándole que no hacíamos todo lo que él nos mandaba porque algunos ejercicios considerábamos que no eran indicados para Jaime, tanto nosotros como los profesionales que lo atendían diariamente. En ese momento su cara se fue transformando por segundos y de muy malas maneras nos dijo que quiénes nos pensábamos que éramos nosotros para decidir qué ejercicios hacer y cuáles no, que éramos unos desagradecidos porque nos estaba dando seguimiento gratuito y, según él, debíamos hacer lo que hizo con su hijo, que, aunque ya era mayor de edad, había nacido con parálisis cerebral. Nos contó que él se metía todo el día en el sótano de su casa, que había adaptado con sus propias manos, haciendo la terapia con su hijo y que no salía de ahí hasta que conseguía lo que quería. Yo le dije que cada niño era un mundo y, si él como padre había decidido actuar de esa manera, lo respetaba, pero que no nos pidiera hacer lo mismo con nuestro hijo porque no lo íbamos a hacer. Ante todo, lo que queríamos era que Jaime tuviera la mejor calidad de vida posible y, lógicamente, tenía que realizar terapias, le gustaran más o le gustaran menos, pero de ahí a estar encerrados obligando a diario a todas horas a una personita en su situación no me parecía bien. En ese momento, él se enfadó mucho diciéndome que quién me pensaba que era yo para no hacerle caso, que teníamos que hacer todo lo que él decía y, en caso contrario, no era necesario que volviéramos por allí. Jaime, al ver la situación, se puso a llorar y este señor cogió un taco de madera, dio un fuerte golpe encima de la mesa con él y le dijo a nuestro hijo que se callara y dejara de llorar, lo que provocó que Jaime llorara todavía más del susto y vomitara. Le pedí a mi marido que saliera del despacho con el niño y, de muy buenas maneras, le dije que se tranquilizara, que no entendía por qué estaba actuando de esa manera, a lo que me contestó que estaba cansado de los padres que nos pensábamos saber más que él. Yo no pude soportar que dijera eso y sí, discutimos, porque precisamente él sí que no era nadie para saber lo que le iba mejor a mi hijo o no. Cuando íbamos allí, no veía las evaluaciones de Jaime, se limitaba únicamente a transmitir lo que los terapeutas le decían, que no era malo, al revés; pero, si al menos se hubiera dignado a ver cómo trabajaba Jaime durante las evaluaciones, podría haber «entendido» que se hubiera enfadado, pero no, él se enfadó por comentar, como padres desesperados, la situación y actividad diaria de Jaime. Me tuve que dar un punto en la boca y solamente le comenté que no me parecía bien su prepotencia, le di las gracias por todo y me apeteció darle un consejo. No sé si lo habrá puesto en práctica o no, fue el siguiente: «Hay cosas que el dinero no puede comprar, como son la humildad y la empatía, cosas que a ti creo que te hacen mucha falta. Yo de ti me lo haría mirar, por tu bien», me levanté, le di la mano, salí del despacho y nos fuimos del centro. Nunca más volvimos y seguimos con otras terapias en las que nuestro pequeño aprendía, evolucionaba y que le gustaban, lo que le hacía ser feliz, para nosotros esto último era lo más importante.

Inicio del ciclo escolar

Desde el año y medio, Jaime iba cada día unas horas a una guardería pública que disponía de un aula especial con personal debidamente cualificado para atender a niños con necesidades especiales. Fue un paso muy duro el tener que dejarlo en la guardería, ya lo fue cuando llevamos a Paula, que era una niña sin ningún tipo de problema, y llevar a Jaime reconozco que nos causó dolor, dolor porque a mí, como madre, me daba la sensación de que tenía que estar conmigo, que lo dejaba para descansar, y yo lo único que quería era estar con él. En muchísimas ocasiones me quedaba fuera, dentro del coche, con el teléfono en la mano por si me llamaban de la guardería dada la angustia que me creaba llevarlo. Al poco tiempo, nos dimos cuenta de que fue una muy buena decisión, ya que el potencial de Jaime era tan grande que avanzó y aprendió cosas maravillosas.

Tuvimos unas profesoras geniales, con las que todavía mantengo contacto, y Juani, la cocinera, preparaba unos purés deliciosos. Como en el aula había solamente dos alumnos, cada día iban ratitos a las clases de los niños sin problemas para la integración, siempre con supervisión, por supuesto, y era maravilloso. Al recogerlo, encontraba a mi hijo feliz, contento, con una sonrisa, y eso colmaba mi corazón.

Debido a su inmadurez, Jaime estuvo un año más en la guardería antes de pasar al colegio. Aquí llegó uno de los tantos problemas que hemos tenido que afrontar: cuando un niño o niña con NEE (necesidades especiales) pasa de la guardería al colegio, lo valora un asistente social para ver si es apto para acudir a un colegio público sin barreras arquitectónicas, debido a que iba en silla de ruedas. Yo estaba convencida de que sería así, ya que Jaime cognitivamente estaba bastante bien y hablaba como un papagayo. Esa opción era integrarlo en la clase con niños y niñas de su edad y, con la ayuda de una profesora, ir aprendiendo a su ritmo e integrarse socialmente, que era lo que Jaime necesitaba. Él entendía todo lo que le decíamos, se expresaba, hablaba, se daba a entender perfectamente. La neuropediatra nos dijo que el problema de Jaime era que no tenía cuerpo calloso en el cerebro, por este motivo las neuronas no podían ir del hemisferio derecho al izquierdo, lo que le ocasionó tetraparesia, pero según nos explicaron y para que nos entendamos, la parte baja del cerebro la tenía bien, por eso era un niño inteligente, aunque con discapacidad física.

Todo esto os lo comento porque el técnico especialista en derivación de guardería a colegio, o a centro de educación especial, nos dijo que Jaime no podía ir al colegio público, que lo derivaban a un centro especializado únicamente en niños y niñas con NEE. En ese momento tuvimos otro intercambio de opiniones, ya que una persona que había visto a mi hijo en contadas ocasiones debería tener en cuenta la opinión de los padres y de la tutora de la guardería, pero no, ella tomaba las decisiones según unos protocolos que aplicaba. Aquí nos tuvimos que poner duros, ya que Jaime era consciente de todo en cualquier momento y situación. Considerábamos que matricularlo en un centro al que solamente acudían niños con necesidades especiales sería ir un paso hacia atrás. Propuse que fuera a un colegio del que tenía buenas referencias comprometiéndome a que, si no se adaptaba, se cambiaría al centro de NEE. Os adelanto que Jaime estuvo en ese colegio durante sus nueve años de vida y hasta había aprendido palabras en inglés. Repito, no puedo estar más orgullosa de él, e insisto en que nos deben dar voz y voto a los padres a la hora de tomar decisiones tan importantes como lo era esta.

Al principio fue duro, tanto para Jaime como para nosotros, pero tuvimos la gran suerte de topar con una tutora y una técnica de soporte para nuestro hijo maravillosas. Neus y Sonia, vosotras sois esas dos grandísimas profesionales con las que coincidimos durante el primer año escolar de Jaime y a las que estamos más que agradecidas por todo, tanto por la enseñanza, el tacto, el cariño y por lo más importante de todo, la empatía tanto con él como con nosotros.

Durante bastantes semanas, al llevar a Jaime al colegio, se quedaba llorando, hasta el punto de vomitar y ponerse de color azul por el llanto. Se quedaba sin respiración. A mí se me partía el alma, pero confiaba en él y sabía que era cuestión de tiempo, y así fue. Todos sus compañeros lo adoraban, le hacían bromas, lo ayudaban con las tareas de clase, en el patio estaban muy pendientes de él y lo incluían en todos los juegos, intercambiaban cartas de fútbol, lo ponían de portero con un soporte profesional cuando jugaban a fútbol, y de ahí, salió un día con tres mordiscos en una mano. Recuerdo que ese día lo recogió mi marido en el colegio porque yo trabajaba y, al hablar por teléfono con él, me lo contó y monté en cólera. Fue tal la impotencia y ansiedad que me dio que no podía parar de llorar. Lo sorprendente de todo esto es que la mañana siguiente, cuando llevé a Jaime al colegio algo más tranquila y con intención de hablar con las tutoras, se acercó a mí María, la mamá del nene que había mordido a Jaime. Este nene, cuyo nombre necesito escribir en mayúsculas, ERIC, fue el mejor amigo de Jaime durante toda su vida. Lo esperaba en la puerta del colegio para entrar juntos, hablaban de fútbol, salían juntos de clase, me contaba todo lo que habían hecho, en definitiva, fue su mejor amigo. A mí me dio una gran lección de vida y lo quiero muchísimo, siempre lo tengo presente, y tanto a él como a su familia, que es maravillosa, los queremos muchísimo y siempre tendrán un lugar en nuestro corazón.

Con el tiempo, supe que Eric había mordido a Jaime por emoción. Suena raro, lo es incluso para mí, pero se transmitían tanto el uno al otro... Los adultos podemos gritar, darnos un abrazo, pegar un salto, podemos reaccionar de mil maneras, y esos mordiscos fueron su manera de decirle a Jaime que lo quería y que siempre estaría junto a él. Así fue.

Yo sabía que Eric vendría al funeral de Jaime, porque conozco a su familia y a buen entendedor pocas palabras bastan.

En julio del 2018, Jaime hizo la comunión. Fue un día maravilloso, cargado de felicidad, diría que fue un día mágico. Hicimos el banquete en un agroturismo que no tenía barreras arquitectónicas, aspecto muy importante porque algunos de los invitados iban en silla de ruedas. La mesa principal estuvo formada por el súper anfitrión de la fiesta y todos sus amiguitos con sus padres. ¿A quién tenía sentado enfrente? A Eric, su amigo del alma.

Siempre recordaré el momento de entrega de regalos. Eric y Esteban, otro niño espectacular en todos los sentidos, le regalaron a Jaime la colcha de cama del Real Madrid. ¡Bueno, bueno, bueno!, sin duda el mejor regalo que le podían hacer. Ambos compartían la pasión por el Real Madrid y la cara de Jaime al verla fue digna de una foto. Jaime no la llegó a usar, puesto que ese mismo año, nuestro niño, amigo, amor, voló alto. A pesar de las críticas que haya podido recibir, hice en ese momento lo que mi generoso hijo hubiera hecho y lo que me dictó mi corazón. Al terminar el funeral y ver a Eric, nos fundimos en un enorme abrazo y le di en nombre de Jaime esa colcha que le había regalado el día de su comunión. Él no la tenía, y sabía que le iba a hacer mucha ilusión. Desde aquí, deseo que la hayas disfrutado como te mereces, querido Eric. Te queremos.

Ya en el inicio de este libro, os dije que sería sincera, y quiero compartir algunas experiencias nada gratas relacionadas con la escolarización de Jaime.

Como he comentado anteriormente, el colegio al que iba Jaime era un centro público adaptado para niños y niñas con NEE. Para resumir un poquito, lo más importante y el derecho de los alumnos y alumnas en esta situación era que el centro tuviera personal de apoyo para el aprendizaje, logopeda, fisioterapeuta, enfermera y el personal menos valorado profesionalmente, pero imprescindible desde mi punto de vista como madre, las llamadas AT (asistentes técnicos). Ellas se encargaban de cambiar el pañal a los niños y niñas, les daban la merienda, estaban con ellos durante el patio. En resumidas cuentas, eran sus manos, pies, boca, su todo en cada momento. Aquí quiero enviar un fuerte abrazo a Fina y Julia, dos AT tremendamente profesionales con las que Jaime interactuó mucho. Aprovecho para enviar otro abrazo a Esperanza. Ella estaba contratada por un servicio ajeno al colegio, pero fue imprescindible tanto para Jaime como para nosotros, sus padres. Esperanza, una mujer maravillosa, llena de paz y amor, que recibía a diario a los niños y niñas en la puerta del colegio.

Visto así, parece todo maravilloso, fantástico, inmejorable, pero no, pasamos épocas muy difíciles y complicadas, llenas de impotencia, miedos, rabia, dolor, y todo ello responsabilidad de la Consejería de Educación.

Antes de contar lo que viví como madre, quiero dejar claro que los trámites realizados respondían a la desesperación de una familia que, única y exclusivamente, luchaba por los derechos de su hijo, porque yo no podía consentir que estos seres de luz, y hablo en plural porque lo que hice no fue solo por mi hijo, no estuvieran bien atendidos, era indignante y me superaba. No tuve más remedio que hacerlo público, salir en televisión, en prensa y en radio. Es triste tener que llegar hasta ese punto para conseguir un suplente del personal que está de baja médica, por sobrecarga, por exceso de trabajo, por aplicar unas ratios que eran incomprensibles y por otras muchas razones. Señores y señoras, hablamos de personas, de niños y niñas con discapacidad, ¿en serio aplicáis ratios?, ¿para vosotros todos los casos son iguales? Este tema supuso mucho sufrimiento tanto para mí como para las familias afectadas. Pero, ¿sabéis qué?, removí cielo, tierra, mar y aire para que mi hijo tuviera los recursos necesarios y pudiera ir al colegio tranquilo. Sin embargo, algunos días no podía asistir, ya que el mismo colegio me decía que, si era posible, no lo llevara, puesto que no tenían los medios suficientes para atender las necesidades de Jaime debidamente. Os podéis imaginar la situación. Yo me quedaba encantada de la vida con mi hijo en casa, pero él lloraba y me preguntaba por qué no podía ir al cole, y yo tenía que mentirle inventándome días festivos o cualquier excusa que se me pasara en ese momento por la cabeza. Visto así, puede parecer una tontería para algunas personas, pero os pido que os pongáis en situación. Vuestro hijo con parálisis cerebral, que tiene discapacidad física y no psíquica, deseando ir al colegio con sus amigos, para ver a Eric, intercambiar cromos, merendar juntos... y que no vaya porque quizás no puedan darle de merendar o cambiarle el pañal porque no envían personal de sustitución para las bajas por enfermedad común o laboral, es más que indignante.

La situación llegó a ser tan extrema que la dirección del colegio habló conmigo, puesto que en aquel momento era la presidenta de la asociación de padres del centro, además de la más «quejica», por decirlo de alguna manera, ya que incidencia que veía, incidencia que comunicaba, y me dijeron textualmente: «Antonia, nosotros hemos hecho todo lo posible para que nos envíen personal, pero no nos hacen caso. La única opción que queda es que en este caso tú, como madre afectada, pidas cita en la Consejería de Educación, expongas la situación y, si es necesario, os manifestéis». Me enseñaron comunicaciones, escritos, correos enviados desde el colegio a la Consejería de Educación y me demostraron que realmente, por su parte, hacían lo que estaba en sus manos, seguían un protocolo que era vergonzoso, y como centro escolar no podían hacer nada más.

Hablé con las familias que estaban en la misma situación para organizar reuniones, manifestaciones y, si era necesario, convocar a la prensa y televisión. Me dieron su apoyo y el visto bueno, así que empecé a mover papeles. Empecé por quejas mediante la web, solicité cita con la persona encargada en ese momento de buscar los suplentes necesarios para el colegio, y lo que recibía era humo. Según ellos, hasta pasados 15 días de la baja por algún tipo de enfermedad del personal del centro, no empezaban a buscar suplentes. Yo le pido perdón a Dios y a la Virgen porque, en ese momento, monté en cólera. Jamás falté al respeto, puesto que no me gusta que me lo falten a mí, pero la gran impotencia que se siente al ver que tratan a tu hijo y al resto de niños y niñas con necesidades especiales como un número me superó. Entre otras cosas, dijeron que ellos se guiaban por una ratio para cubrir los puestos, es decir, cada cuatro niños o niñas con NEE, se asignaba un AT. ¿En serio me estáis diciendo que metéis a todos los alumnos en el mismo saco? ¿Me estáis diciendo que, si a las diez de la mañana meriendan, hay una sola persona para dar de comer a cuatro alumnos con discapacidad, cambiarles el pañal e integrarse con el resto de los compañeros y compañeras en la hora del patio para interactuar y sentirse lo mejor posible?

Eso fue el colmo de los colmos, lo que me llevó a hablar con la dirección del centro y, junto a otras familias, hicimos una pancarta y convocamos a los medios de comunicación. Aquí quiero agradecer de todo corazón al personal del colegio que nos indicara cómo proceder y a quién dirigirnos en concreto para solventar la situación tan angustiosa que estábamos viviendo.

Durante el fin de semana realizamos la pancarta y el lunes nos plantamos en la puerta del colegio junto a todas las familias de alumnos que, aunque no estuvieran en nuestra situación, nos entendían y veían lo que estaba sucediendo. Acudieron los medios de comunicación, hablaron con nosotros y a los dos días teníamos suplentes en el colegio, también uno de los responsables de la Administración pública dimitió al ver su nombre en la pancarta.

Al día siguiente, recibí una llamada de la secretaria general de la Consejería, me dijo si no nos daba vergüenza haber organizado la manifestación y conseguir que uno de sus compañeros dimitiera. Respiré hondo para contestar, ya que, por una parte, a mí no me tenía que hacer responsable de que un compañero suyo hubiera dimitido cuando realmente la causa fue que esta señora no había sabido cumplir con las funciones de su cargo y, por otra parte, le recalqué que tenía muy poca vergüenza diciéndome eso a mí. Yo y el resto de las familias, única y exclusivamente, luchábamos por los derechos de nuestros hijos e hijas. Antes de llegar a este punto, habíamos tenido diferentes reuniones, habíamos dado margen más que suficiente para que nos dieran una solución, y no lo hicieron. Durante este tiempo, muchos de los niños y niñas con necesidades especiales, como era el caso de mi hijo Jaime, no pudieron ir al colegio, tenían que quedarse en casa y, aunque haya gente que crea que estos chicos no saben en qué mundo viven, o que son tontos, os puedo asegurar que saben más que nosotros mismos. Mi hijo era consciente de todo y me hacía muchas preguntas. ¿Os imagináis la situación? Era muy duro enfrentarse a ello, pero salíamos al paso.

Otra situación increíblemente indescriptible era cuando realizaban alguna excursión.

Salían a la granja, pagábamos la excursión, como es habitual, iba el autocar con todos los alumnos... y los nuestros detrás en una furgoneta. ¡Dios mío! ¿Esto es inclusión? ¡Esto es una mierda! Tras luchar contra la falta de recursos en cuanto a personal, otra vez con ansiedad y desespero, hazles entender que, si están escolarizados ahí, es por la inclusión social, y lo que estaban haciendo era excluirlos. ¿Cómo iba a permitir que mi hijo, con lo consciente que era de todo, se fuera de excursión en una furgoneta sin poder disfrutar del momento del autocar? La respuesta por parte del colegio fue que, por temas de recortes, no podían alquilar autobuses adaptados y lo hacían de esta manera. Otra vez tuve yo que darles una solución, ya que no podía consentir que mi hijo, si no conseguíamos furgoneta, se privara de una excursión por no poder ir en el autocar. Tras muchas conversaciones e ideas aportadas tanto por padres como por personal del centro, la solución fue que los familiares facilitáramos la silla de coche para que la pusieran en el autobús e ir sentados junto al personal de apoyo durante el trayecto. No era la mejor solución, pero, en las pocas excursiones que organizaron, mi hijo y sus compañeros en la misma situación pudieron ir en el autobús, todos juntos cantando, viendo al conductor, mirando por la ventana, y al recogerlo me contaba cómo lo había pasado con todo lujo de detalles y eso es lo que necesitaba, nada más, recogerlo en el bus y verlo bajar contento, feliz, como debía ser.

He contado un par de temas importantes, pero hay muchísimos más y no son todos malos, hay de muy buenos y bonitos. No me arrepiento para nada de haber matriculado a Jaime en el colegio Camilo José Cela, lo volvería a hacer aun sabiendo por lo que tendríamos que pasar. El grupo de profesionales era excelente y lo querían mucho. Para nosotros eso era lo principal, que lo quisieran y, sobre todo, que se sintiera querido.

Al fallecer Jaime, nos dieron muchísimas muestras de amor y cariño, nuestro hijo había dejado un legado en el colegio muy bonito, de ahí todos los dibujos, dedicatorias y un árbol que plantaron en el patio en su honor. Tanto yo como el resto de la familia les estaremos eternamente agradecidos.

Pasión por el pádel

Aquí empezamos con la joya de la corona, el pilar fundamental de Jaime desde que tuvo uso de razón, el que lo motivó día a día desde muy chiquitín. Yo jugaba a pádel cuando me quedé embarazada, no sé si su afición empezó ahí... Además, casi cada fin de semana mi marido jugaba torneos, yo alguno que otro, y Jaime siempre venía con nosotros. Diría que se ha criado entre clubs y palas de pádel, un mundo maravilloso que nos ha acompañado, apoyado y ayudado durante todo nuestro trayecto.

Cuando todavía iba a la guardería, con tres años, Jaime ya era un parlanchín. Al llegar la hora de ver la tele, nos empezó a pedir que le pusiéramos partidos de pádel de YouTube. Se podía tirar horas viendo partidos, conocía los nombres de todos los jugadores, con qué marca de pala jugaban, los nombres de las parejas e incluso en qué ciudad se realizaba el torneo. Era increíble. Viendo los partidos, se enamoró de Juan Martín Díaz. Solamente quería ver partidos donde jugaba él, que por aquel entonces tenía como pareja de juego a Fernando Belasteguin. Podía ver los mismos partidos una y otra vez, se los sabía de memoria, se acostaba hablando de Juan Martín Díaz y se levantaba queriendo ver el pádel de su ídolo Juan Martín Díaz. Si salíamos a comer o íbamos a algún sitio, quería ver partidos de pádel, pasaba de los dibujos animados, era pura pasión por este deporte, una pasión que vivió intensamente hasta el fin de sus días.

Un día escribí un mensaje por Messenger a Juan Martín Díaz y le conté escuetamente la situación de Jaime, su pasión por el mundo del pádel y, especialmente, el amor incondicional que sentía por él. Solamente los que lo vivieron lo entienden, porque de verdad que era una cosa muy fuerte.

La idea de escribirle fue porque deseaba cumplir el sueño de mi hijo, que era conocerlo, y bueno, la verdad es que no tenía muchas esperanzas de que me contestara, ya que a través de ese medio de comunicación reciben miles de mensajes, pero cuál fue mi sorpresa cuando un día, al llevar a Jaime a la guardería, me senté en la terraza de un bar a tomar café, miro el móvil y... ¡casi me da un parraque! ¡¡¡Sí, sí, habían pasado unos tres meses desde el mensaje a Juan Martín y me había contestado!!! En aquel momento sentí un clic en mi corazón, porque sabía que era el inicio de una gran amistad, de un gran camino por recorrer y muchísimo amor que compartir.

Lo primero de todo, me pedía disculpas por tardar en contestar, luego me comentó que el mensaje le había llegado al corazón y le había transmitido mucha felicidad. Me anotó su número de teléfono con una amabilidad y unas palabras que me transmitieron muchísimo cariño, así que no dudé en llamarlo.

Ese momento fue mágico. ¿Os imagináis? ¡Tenía el teléfono de Juan Martín Díaz! Yo solo podía pensar e imaginar la cara de mi hijo cuando tuviera ocasión de conocerlo, y la ocasión llegó antes de lo esperado.

Ese mismo día, al llegar a casa, le dije que tenía una sorpresa para él y ya se le iluminó la cara. Le conté lo que había pasado y él no paraba de repetirme: «¿De verdad, mami?, ¿de verdad?». Y en aquel momento, en el que ya estaba en casa viendo un partido de Juan Martín, le hice un vídeo y se lo envié por WhatsApp.

Lo primero que Jaime recibió fue otro vídeo enviado por Juan Martín por el mismo medio. Mientras él lo veía por mi móvil, lo grabábamos con el de mi marido para ver su reacción. Fue impresionante. Cuando empezó a verlo, ni parpadeaba y, cuando Juan Martín Díaz lo nombró, me miró con cara de susto y alegría, con una sonrisa de oreja a oreja y, de repente, empezó a hacer pucheros. Le pregunté que por qué lloraba y, cuando pudo controlar el llanto, dijo: «Me ha dicho que es mi amigo», ahí ya llorábamos todos en casa de la emoción. Lo que sintió Jaime en ese momento solo él lo sabe, pero como madre os puedo asegurar que fue el mayor regalo que le pudo dar la vida. Como os podréis imaginar, el vídeo lo vimos unas doscientas veces, y cada vez la cara de Jaime se iluminaba como si no lo hubiera visto nunca. Seguimos en contacto telefónico con él hasta que tuvimos vacaciones y le comenté si había posibilidad de conocerlo en persona, porque lo único que deseábamos era la felicidad de nuestro hijo, si él era feliz, nosotros lo éramos más.

Juan Martín Díaz jugaba un torneo del World Padel Tour en Málaga en agosto y nos invitó a asistir para poder conocer a Jaime. La espera se hizo eterna, aunque solamente eran un par de meses, pero sabíamos que ese momento iba a cambiar la vida de nuestro hijo y la nuestra para siempre. Así fue.

Al llegar al estadio donde jugaban, llamé por teléfono a Juan Martín y salió a buscarnos. Jaime iba supercontento y feliz porque iba a ver a su ídolo jugando en directo, pero realmente no era consciente de lo que iba a suceder.

De lejos lo vi llegar, cogimos a Jaime en brazos y subimos unas escaleras. Cada peldaño era una sensación extraordinaria, tanto por ver la cara de Juan Martín al acercarnos como la de Jaime. A medida que nos íbamos acercando, Jaime lo miraba a él, me miraba a mí, lo volvía a mirar a él, me volvía a mirar a mí, hasta que me dijo: «Mami, Juan Martín». En ese mismo momento, él lo cogió en brazos y le dio un fuerte abrazo, Jaime no podía articular palabra, no sabía si reír o llorar, hasta que empezaron a caerle lagrimones de litro por la cara de ilusión e incredulidad. No se podía creer que esa persona, a la que veía todos los días a todas horas en la televisión jugando a pádel, lo tuviera en sus brazos, le hablara, lo abrazara, lo besara. Fue un momento y una experiencia increíble e imposible de explicar. Ambos llorando, compartiendo esos abrazos y esas lágrimas de felicidad, fue un lazo que unió sus corazones para siempre.

Accedimos con Juan Martín a la zona vip, Jaime a pie de pista en su silla conociendo a la mayoría de los jugadores, que se paraban a saludarlo, y él les decía a todos lo mismo: «He visto a Juan Martín». Fue un fin de semana espectacular, en el que además ganó el torneo, y tuvimos el enorme placer de conocer a su mujer e hijos, que estaban muy emocionados por el momento y nos dieron todos muchísimo cariño y amor.

Tengo el placer de compartir con todos y todas el primer partido que Jaime disfrutó en directo de su Dios. Como bien dicen, una imagen vale más que mil palabras.

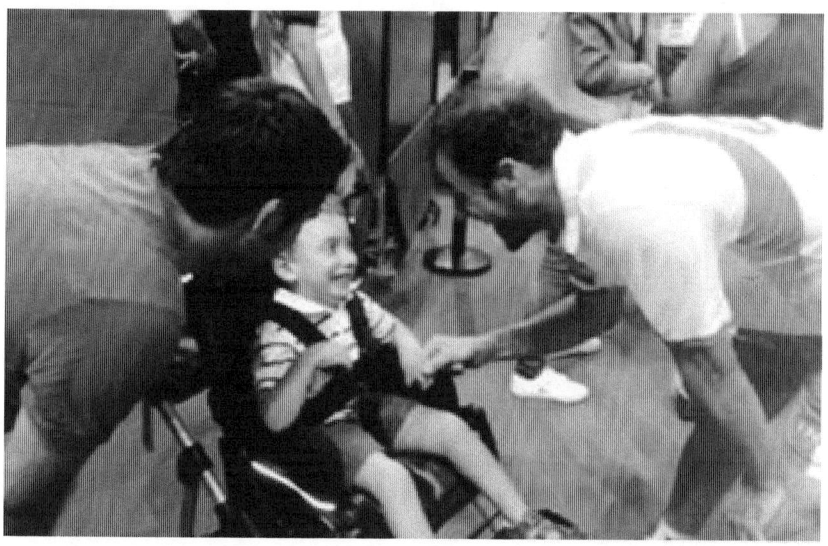

Siento la calidad de la imagen, no es muy buena, pero el momento lo vale.

En ese torneo tuvimos el gran honor de conocer a Teddy Puig. Teddy es una de esas personas que te alegras de tener en tu vida. Siempre estará en mi corazón por varios motivos.

Gracias a él tuvimos la oportunidad de estar con jugadores y entrenadores de pádel muy carismáticos, hacernos fotos con ellos, le firmaron a Jaime camisetas, gorras, muñequeras..., y conectó muy bien con nuestro hijo y con nosotros. Es una persona que, cuando dice algo, lo dice de corazón y, aparte del cariño que nos dio, nos ayudó muchísimo colaborando en torneos de pádel benéficos. Hoy en día todavía recibimos los *packs* de bienvenida que él ofrece en los torneos del World Padel Tour y gracias a él tuvimos el enorme placer de conocer a Antonio Orozco. La canción favorita de Jaime, que además se sabía de memoria, era «Mi héroe» y, al transmitírselo el día que lo conocimos, justo antes de un concierto que hacía en Mallorca, primero le envió un vídeo saludándolo, Jaime se quedó boquiabierto. Además, antes de cantar esta canción en el concierto, Antonio Orozco sacó un cartel que yo le acababa de entregar en el que salía la foto de Jaime y otros amiguitos, y les dedicó la canción. ¿Os lo podéis imaginar por un momento? Llegar al concierto, llamar al mánager de Antonio, pasar a conocerlo en persona, contarle que Jaime, en su situación, se sabía su canción, que le enviara unas palabras a través de un vídeo y que le dedicara la canción «Mi héroe», su favorita. Yo estaba en una nube, deseando llegar a casa para contarle a mi hijo todo y enseñarle los vídeos. Fue maravilloso.

Aquí os dejo unas palabras de Teddy Puig a nuestro hijo, y con muchísima ilusión también comparto una foto de ambos juntos.

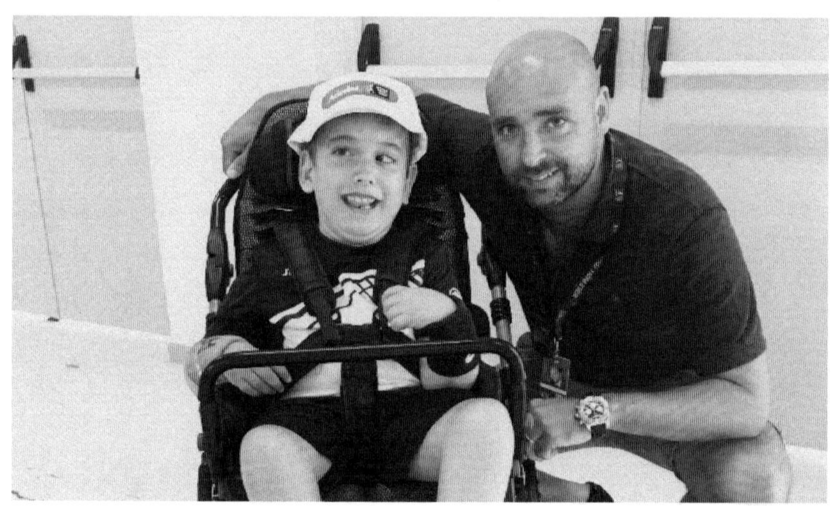

Nunca olvidaré aquella sonrisa enternecedora que veía en aquel niño mallorquín cada año al llegar al torneo de World Padel Tour de Mallorca.

Aquella sonrisa inigualable del pequeño Jaime cada vez que se abría el telón de una nueva semana de competición en el estadio de Son Moix se contagiaba, ver su cara llena de felicidad por poder estar toda la semana en su sitio del estadio, sí, su sitio, porque recuerdo que Jaime siempre quería ver los partidos desde un punto concreto del pabellón y que no lo movieran de allí en todo el día, en toda la semana, ese era su lugar, reservado única y exclusivamente para que Jaime pudiera disfrutar de todos y cada uno de los partidos, era algo muy especial.

Recuerdo aquella primera vez que, al terminar el último partido de la jornada, donde no jugaban otros que los números uno en aquella época, Fernando Belasteguin «Bela» y Pablo Lima, le quisimos dar la sorpresa a Jaime de presentarle a Bela y Lima. Jaime pasó de su sonrisa de ángel a una cara de sorpresa y nerviosismo en décimas de segundo, tenía enfrente a dos de sus ídolos, a aquellos dos jugadores que veía ganar cada año cada partido desde su sitio en el estadio, pero esta vez los tenía a un metro de distancia.

Tengo la foto de ese día junto con Jaime y Miguel Sciorilli (entrenador de Bela) que me regalasteis en mi oficina, y el año que viene, cuando abramos Bela Padel Center Barcelona y mueva mi oficina para allí, esa fotografía nos acompañará también para formar parte del club.

Conocer a Jaime, ver su pasión por el pádel y la felicidad que transmitía es algo que voy a llevar siempre en el recuerdo con muchísimo cariño, y no tengo duda que, donde esté ahora, también tendrá su sitio especial para ver todos los partidos de la jornada, sus partidos de pádel.

Un abrazo muy fuerte.

Como he comentado anteriormente, a continuación os compartiré testimonios de personas del mundo del pádel que han sido de vital importancia en la vida de Jaime. Podría poner muchísimas, pero he seleccionado algunas de ellas.

Le toca el turno a Lucas Brachi. Él es un jugador espectacular, pero lo mejor que tiene es su gran corazón y su gran familia. Os dejo una de tantas fotos que tengo con él, pero esta es especial porque la comparte con Ramiro Moyano.

Ramiro y su familia son dignos de admirar. También han tenido su lucha particular en esta vida, pero siempre con una sonrisa. Él y Lucas son grandes amigos, casi hermanos, y tuve el gran placer de poder hablar con la madre de Ramiro, una madre luchadora y tremendamente amorosa. Junto a la foto, os adjunto el testimonio y aprovecho este momento para enviar un gran abrazo a Luli, mujer de Lucas, y a Teresa, mujer de Ramiro, y otro muy especial para los pequeños Valen y Benja.

Hay ciertas personas en la vida que sin buscar simplemente aparecen y se convierten en especiales para siempre. Jaimito fue uno de ellos para mí. Yo era uno de sus ídolos del pádel local, y él era uno de los míos. Por suerte, mediante el vínculo con su mamá, pudimos vivir varias experiencias inolvidables. Teníamos como ritual hacernos una foto juntos después de cada partido que venían a verme, y eso para mí era algo mágico. Jaime tuvo siempre el don de transmitir muchísimo con sus ojos y sobre todo con su sonrisa, y a mí esa sonrisa me entró directa al corazón desde el primer día, pura, genuina y muy contagiosa, capaz de borrar todos los problemas. Es hoy en día que guardo todas las fotos que nos hicimos juntos y en todas veo esa sonrisa que me hace viajar

en el tiempo y encontrarme ahí, a su lado, contándome algo del rey Juan Martín Díaz o simplemente mirando su amada «Patrulla canina», y eso me sana el alma. Tener esa conexión con él fue una suerte y un privilegio para mí.

Antonia, Jaime, Paula y familia, GRACIAS, gracias por dejarme, quizás indirectamente, tantas enseñanzas. Y gracias sobre todas las cosas por haberme dado un espacio para compartir mis emociones siempre con un ser de luz tan especial y hermoso como Jaimito, a quien hoy en día pienso, y sonrío.

Aquí está mi aportación para tu maravillosa idea. No puedo dejar de agradecerte por brindarme sea este espacio como el espacio que me has dado en la vida de Jaimito, de verdad.

He pasado mi vida con personas con capacidades diferentes cercanas, un tío mío hermano de mi madre con síndrome de Down o Belén, la hermana de Rami. Tengo, gracias a las enseñanzas de mi madre, un amor especial para con estas personas y sobre todo un respeto y admiración enorme con sus familiares. Pensar en Jaimito me hizo siempre pensar en vosotros, así como en mi madre, o en Andrea, la mamá de Rami. Verlos llevar adelante las adversidades y la vida con el amor por delante de todo es admirable. Con el corazón en la mano te digo que me habéis dejado mucho donde aprender y en quien fijarme cuando me toca afrontar un problema de cualquier tipo.

El abrazo, lamentablemente, lo tenemos que sentir virtual, pero quiero decirte una vez más que tu mensaje para esta colaboración me hizo emocionar. ¡Muchas gracias! ¡¡Os mando todo el amor del mundo!!

Maravilloso, ¿verdad?

Plasmar estos mensajes, estos testimonios reales de personas que han aportado felicidad a la vida de Jaime, es algo tan sanador, tan enternecedor, tan emocionante, que se me ponen los pelos de punta. Leer cada uno de ellos es mágico, y más para mí y mi familia, que lo único que deseábamos para Jaime era que fuera feliz y tuviera la mejor calidad de vida posible. Esta palabra, feliz, la leeréis muy a menudo, pero es vital recalcarla mil veces si es necesario porque era nuestra finalidad y la de todas las personas que querían a nuestro hijo. Antes de seguir compartiendo imágenes y testimonios, me voy a permitir felicitarme a mí misma, a mi marido y a mi hija por haber formado esta familia tan maravillosa, aunque parte de ella esté brillando en el cielo y cuidando de muchísima gente, cuidando de todas aquellas personas que estuvieron a su lado regalándole una sonrisa, una caricia y mil besos. Gracias, gracias, gracias.

Os presento a Diego Picasarri y adjunto su testimonio.

Un pequeño gran ejemplo

Llevo en el mundo del pádel a nivel profesional unos 13 años, no como jugador, pero sí como gestor de clubes y organizador de eventos.

Esto me permitió conocer muchísima gente, miles en estos años. Como comento siempre, en este mundo tenemos todo tipo de gente, pero este caso es más que especial. Jaimito, así lo llamábamos la mayoría, una sonrisa constante que iluminaba cada club donde entraba, que todo el mundo saludaba y que disfrutaba al máximo de este deporte sin poder jugarlo, pero a su manera era feliz de poder estar en cada torneo, conocer jugadores profesionales, hacerse fotos con unos y otros.

Mi familia y yo tuvimos la suerte de poder hacer cosas con él, de conocerle más de cerca, todo lo que pueda decir ahora no sería nada al lado del sentimiento que tengo dentro.

Me transmitía amor, ejemplo de vida, de superación, como así también daba a conocer a sus padres, que incansablemente estaban ahí en todas con él.

«Jaimito, me encantaría tener una escalera bien larga para llegar a darte un beso enorme, decirte que me hubiese gustado compartir muchos más momentos contigo y que TE QUIERO MUCHO».

Siempre te llevaremos en nuestro corazón lleno de lindos recuerdos, Carolina, Martina, Paloma y Diego Picasarri.

Maravillosa familia Picasarri. Tengo tanto que agradeceros que me voy a centrar en el amor incondicional que le distéis a Jaimito durante sus nueve años de vida. Tanto tú como tu familia transmitís tanta unión familiar y carisma, fue lo que nos convirtió en amigos. Veros es siempre una gran alegría.

Qué decir del torneo benéfico que organizaste en Ka Pádel, club inmemorable que todos recordamos. Todo por y para Jaimito. Él era muy pequeño, y tú eras consciente de las necesidades que tenía. Organizaste el torneo al completo, no nos tuvimos que preocupar de nada, solo de disfrutarlo, y al final llegó una súper sorpresa que jamás olvidaré. Jaimito se acordaba perfectamente de ello.

Queridos lectores, el broche final del torneo fue una caja enorme repleta de todos los juguetes, muñecos, juegos y sábanas de Doraemon. Diego sabía que le gustaba porque llevaba un muñeco en el cochecito, y madre mía la cara de todos, pero en especial de Jaimito cuando vio los regalos.

Os lo cuento ya no por lo material ni por la alegría de Jaimito, sino para que veáis un poquito el gran corazón lleno de amor, cariño y ternura que tiene nuestro gran amigo Diego Picasarri y también toda su familia.

La foto que he compartido de estas dos grandes personas es justo del día que os he contado.

Tienen en sus manos uno de los regalos que venían en la caja y que Jaimito siempre tuvo en su habitación. Ahora está en mi poder y se me está ocurriendo una idea muy guay.

En estas últimas páginas, he intentado transmitir la pasión de Jaime por el pádel. Es increíble que un niño de tan corta edad, porque su afición empezó antes de los tres años, viviera por el pádel. La gente que lo conoció lo sabe de bue-

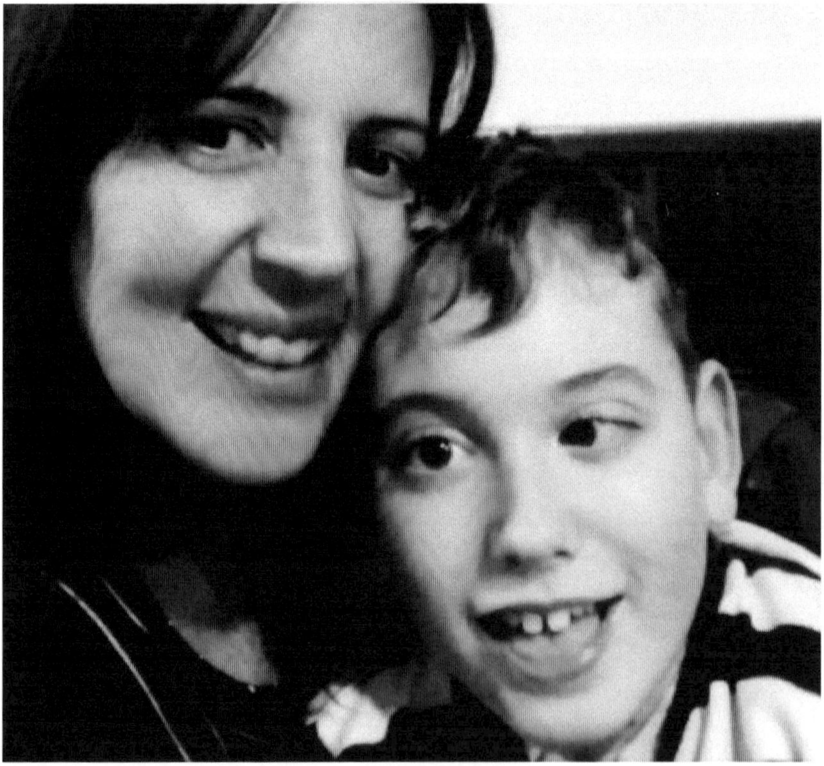

na mano. Antes de compartir el testimonio de su gran ídolo, Juan Martín Díaz, quiero contaros y transmitir el gran agradecimiento hacia una persona muy especial, una persona con un corazón gigante, una persona que se ha convertido en familia, Manuel Reyes.

Es curioso, porque la primera impresión que tuve de Manolito, así lo llamamos cariñosamente, fue desastrosa, ja, ja, ja, me río porque lo hemos comentado muchas veces. Daba la sensación de ser una persona prepotente, chulesca e insoportable, pero, al conocerlo de verdad, resultó ser de las mejores personas que he conocido en mi vida. Lo ha dado todo por nosotros, hasta convertirse en un hermano para mi marido y un gran amigo al que llamo Ferrerito.

Cuando lo conocimos, estaba casado con la tita Ana. Con el tiempo, se separaron para encauzar vidas mejores para ambos, ya que son buenos amigos.

La tita Ana era un chute de energía para Jaime. Cuando la veía, gritaba de alegría: «Mamá, está la tita Ana», y para ella, Jaime era su pollito. Lo cuidó y le dio tantísimo amor que sé que, hoy en día, no ha superado su partida. Quiero decirle que la quiero, que es una persona maravillosa, transmite mucha ternura y cariño. Para mí ella es de las personas que agradeces que pertenezcan a tu vida y que siempre estarán ahí.

Fruto de su matrimonio, tengo a los que considero mis sobrinos, Marc y Emma. Los quiero muchísimo, forman parte de nuestra familia. Son la noche y el día, pero ambos querían a Jaime muchísimo, y viceversa.

En la página anterior una fotito con Manolito y otra con la tita Ana.

Sé que le ha costado mucho escribir las palabras que os comparto a continuación. Salen del corazón de una persona maravillosa, cercana, cariñosa y generosa que fue la luz que acompañó a Jaimito durante un corto pero intenso camino, Juan Martín Díaz.

Hace más de 10 años recibí un mensaje por las redes sociales y posteriormente un vídeo por WhatsApp donde estaba un niño viendo mi partido de pádel. Antonia, su madre, le preguntaba: «¿Quién está jugando?», y él respondía: «Juan Martín Díaz».

Esa fue la primera vez que lo vi y su mirada y su sonrisa me llegaron a lo más profundo de mi corazón. Así conocí a Jaime y su hermosa familia y, a partir de este lindo momento que me estaban haciendo llegar, Jaime pasó a estar presente en cada uno de mis días.

Nos hemos encontrado en bastantes torneos donde yo iba a jugar y también en Mallorca para pasar tiempo juntos. Siento un profundo cariño, amor, admiración y no sé cuántos adjetivos más por su valor para enfrentar las cosas que le habían tocado. Recuerdo una de las últimas veces que lo vi y fue en el hospital. Sabía que llevaba muchas semanas ingresado en espera de una intervención quirúrgica muy delicada, y le visité junto a mi hija. No sabía cómo iba a estar, ya que había estado muy malito, pero, cuando entré, le vi viendo pádel en una televisión grande que le habían instalado sus papás en la habitación, con la cabecita vendada, bastante pálido, pero con una gran sonrisa. Ese momento fue muy muy especial tanto para mí como para él y su mamá, que estaba a su lado.

Muchas veces, en momentos no tan buenos de mi vida, en mi cabeza aparece Jaime como inspiración, para hacerme ver que los problemas no eran tan graves y que con esfuerzo y alegría la vida se ve y se vive de otra manera.

Muchas veces Antonia me ha agradecido por mi trato hacia Jaime, pero es al revés, el agradecido eternamente soy yo por haber tenido la suerte de tener un Jaime en mi vida. Todos los días en algún momento, él está presente en mi cabeza y en mi corazón.

Personas como Jaime, a pesar de su corto viaje por este mundo, vienen a hacer de este un mundo mejor.

Descansa en paz, querido amigo. Sé que sigues conmigo, a mi lado todos los días cuidándome y apoyándome en mi nueva carrera profesional.

Te quiero, Jaimito, y siempre te querré.

¿Qué puedo decir como madre? Solamente tengo palabras de agradecimiento para Juan Martín. Nos ha demostrado desde que lo conocimos que es una persona humilde, empática y con mucho amor para dar debido a su grandísimo corazón.

Jaime realizaba todas las terapias que tanto los especialistas como nosotros, sus padres, considerábamos que le podían ayudar más. Tuvimos la gran suerte de coincidir con una grandísima profesional llamada Verónica Espinar. Desde que comenzamos terapia con ella, jamás la soltamos de la mano. Es una terapeuta única, realista, clara, empática y que, sobre todo, sabe conectar con sus pacientes y hacer que esa hora de trabajo se convierta en diversión. Jaime iba por obligación a realizar las terapias. No quedaba otra, por su bien, pero ver que, desde su punto de vista, no era una obligación porque se lo pasaba genial nos llenaba de orgullo y satisfacción. No voy a decir que todo era maravilloso porque os estaría engañando, pero, si eso ocurría, Vero sabía cómo actuar para que Jaime no decayera y sacara el máximo fruto de las sesiones a pesar de que en ocasiones se quejaba porque se cansaba o simplemente no le apetecía. Es curioso, pero uno de los ejercicios que realizaba a diario, aunque fueran diez minutitos, era jugar a «pádel». Le compramos una pala de pádel muy pequeña de apenas treinta centímetros y, con un globo que yo le tiraba, Jaime, con la ayuda de Vero y del spider (unos elásticos que van atados con un arnés al niño y a unas rejillas), se entretenía emocionadísimo realizando movimientos de brazos, fuerza con las piernas y siempre con su eterna sonrisa, eso nunca faltaba.

En este apartado he hecho hincapié en Verónica porque fue su primera terapeuta y la que más conectó con Jaime, pero también estuvo trabajando con otras fisios, como Elena, Liza, su gran logopeda Rayco, hizo hipoterapia con Tamara, Elsa y un gran número de profesionales que pasaron por su vida. Cada uno de ellos y ellas le enseñó cosas y Jaime les dejó un bonito recuerdo en su vida.

Comparto con vosotros una foto, de los cientos que tengo, de ellos dos juntos, y también os comparto un testimonio de nuestra querida Verónica Espinar. Vero, te queremos.

> *Siempre he dicho que mi profesión es la más bonita del mundo y siempre estaré inmensamente agradecida a la vida por haber encontrado mi vocación y pasión. Y lo que hace que mi profesión como fisioterapeuta pediátrica sea tan especial son los niños con diversidad funcional y sus familias. En esta ocasión os voy a hablar de Jaime, un niño inmensamente especial del que me he llevado muchos aprendizajes. De Jaime me gustaría resaltar su «pícara sonrisa», su gran sentido del humor y su esfuerzo y capacidad de superación. Las sesiones de fisio con Jaime eran muy especiales, y sobre todo tremendamente divertidas, y es que era imposible trabajar con él sin reír a carcajadas o sin sorprenderse de sus maravillosas ocurrencias. Como anécdotas a destacar estarían los tremendos partidos de pádel que nos echábamos en el spyder (sistema a modo de jaula con elástico que le permitía mantenerse de pie y participar o jugar al mismo tiempo). Esos partidos eran lo MÁS, y es que Jaime los vivía y retransmitía como si fuesen un partido en vivo y en directo. Y yo, que en esos momentos contaba con cero nociones de pádel, no dejaba de sor-*

prenderme con su emoción del momento y con el sistema de puntos, del que yo iba superperdida. Y claro está, no hace falta decir que el que ganaba siempre era JAIME, ja, ja, ja...

Contaros también que, a mí como fisio, me impresionaba mucho la capacidad de Jaime para describir el movimiento y vivirlo como si lo estuviera ejecutando con gran esfuerzo. Os pongo un ejemplo, para Jaime, el dar algunos pasos con el caminador suponía un gran esfuerzo, pero su vivencia del momento a modo de comentarios: «Y ahí va Jaime, a toda velocidad, y llegaaa, y ya estamooos y gooool...». Y esta vivencia hacía que el resultado fuese un momentazo a gran velocidad y con un ¡¡¡súper golazo!!!

Jaime, allí donde estés, seguramente en el cielo, gracias por tanto, por dejarme disfrutar de tus sonrisas, de tu sentido del humor y de tu gran pasión, el pádel. Y a su familia, gracias por confiar siempre en mí. Jaime y familia, siempre os llevaré en mi corazón.

Otro gran profesional que ya ha aparecido en el libro también ha dejado su testimonio con mucho cariño. Él es el doctor Fiol, pediatra al que conocí gracias a una gran amiga y mejor persona, Antonia Tomás, mi «Binialera».

Hoy en día, Antonia sigue formando parte de mi vida y siempre tendrá un hueco en mi corazón. Lo que ha rezado esta mujer por Jaime no lo ha hecho nadie. Siempre que estaba malito, se lo decía y visitaba a la Virgen Francinaina Cirer, de Sencelles, a la que visitamos con Jaime en cuanto nos fue posible.

Os adjunto el testimonio del doctor Miquel Fiol.

PARA ANTONIA BALAGUER,
MADRE DE JAIME ESTRANY BALAGUER

Debajo de estas líneas Miguel Fiol, pediatra-neonatólogo, antes del Hospital Son Dureta y actualmente del Hospital Son Espases en Palma de Mallorca.

Creo que fui la segunda persona que conoció a Jaime cuando nació; la primera fue la Dra. Ana Jiménez, que le ingresó. Era un recién nacido prematuro de 28 semanas de gestación y 1295 gramos de peso que nos habían trasladado desde la Clínica Rotger porque la madre tenía una corioamnionitis (infección en el líquido amniótico y en la placenta) con muchas probabilidades de afectación del feto, como así fue. Jaime nació con una infección por una terrible bacteria llamada Listeria monocytogenes, que no solo afectaba a la sangre y diferentes órganos, sino también a su sistema neurológico y le producía una meningitis extremadamente grave.

Las noticias a la familia eran muy poco alentadoras, y más cuando posteriormente se complicó con una hemorragia intracraneal con hidrocefalia (aumento de líquido cefalorraquídeo en el cerebro) que nos obligó a colocarle un dispositivo para poder extraer el líquido cefalorraquídeo y, posteriormente, una válvula desde el cerebro hasta el abdomen para poder drenar el líquido. A pesar de todas las complicaciones y de lo cerca que estuvo de la muerte, los padres, y especialmente la madre, tenían una gran fe en que Jaime saldría adelante. Recuerdo muy bien las largas informaciones que dábamos a los padres, y cómo se podía leer en los ojos llorosos la esperanza que tenía en que Jaime iría superando todos los múltiples problemas que se le iban presentando en el camino. Era junio del 2009, hace catorce años, en ese momento me estaba dando cuenta de que tanto Jaime como su madre me estaban dando una lección de superación ante las adversidades que he guardado durante toda mi vida.

A los dos meses y medio de su ingreso, pudimos trasladar a Jaime desde la UCI de Neonatos, donde había estado ingresado, hasta la Unidad de Cuidados Medios. Su estado de salud había mejorado y ya no requería la vigilancia intensiva que había requerido hasta entonces. Finalmente, a los ochenta y cuatro días de vida, pudo irse con sus padres a casa.

Lógicamente, la infección y todas las complicaciones dejaron en Jaime una afectación, pero nada pudo impedir que lograra una conexión con toda su familia, con todos los amigos y con el mundo cada vez más y más intensa. Sembró en sus padres un amor difícilmente descriptible. Los múltiples ingresos y consultas que se sucedieron después no minaron ni un ápice todo lo que dejó en el corazón y en la vida de todos los que lo conocimos, y muy especialmente en la vida de su madre.

Quiero recordar a Jaime como un ejemplo de superación, de lucha y de amor a la vida muy difícilmente, si acaso es posible, superables.

Dr. Miguel Fiol Jaume
Pediatra-neonatólogo

Cuando tienes a un hijo hospitalizado en tantas ocasiones, y aunque sea en pocas, es muy importante para la familia la empatía de los enfermeros, enfermeras y auxiliares. Ya no digo los médicos, porque realmente ellos los visitan y pautan los tratamientos, pero el personal de enfermería es el que suministra la medicación y al que acudimos ante cualquier duda o problema.

El último ingreso de Jaime fue muy largo, porque le tenían que realizar una operación muy compleja en la cabecita y, como los neurocirujanos que debían operarlo no estaban disponibles hasta septiembre, tuvimos que pasar el mes de agosto en el hospital. Se ve ridículo, ¿verdad? Pero no teníamos otra opción. Jaime sufría unas apneas muy largas debido al nódulo que tenía en el bulbo del tronco del encéfalo y necesitaba estar las veinticuatro horas monitorizado. De esa estancia en el hospital hasta que lo intervinieron quirúrgicamente, tengo experiencias muy bonitas, como las que compartí con Sergio Ferrando, pero también otras algo desagradables con enfermeras que no deberían dedicarse a esa profesión y que se merecían ser sancionadas, os voy a poner dos ejemplos.

A la hora de dar la medicación, en muchas ocasiones se equivocaban. Menos mal que yo estaba allí las 24 horas del día, o mi marido. Lo que colmó el vaso fue una noche en la que el monitor de Jaime pitaba sin cesar. Yo estaba a su lado y la verdad es que él, al escuchar el pitido, se medio despertaba y retomaba el sueño. Si se le desconectaba algún electrodo por el sudor o cualquier otro motivo, yo se lo colocaba. No molestábamos para nada a las enfermeras. Aunque el sonido estaba relativamente bajo para no molestar al resto de pacientes, yo, que estaba pegada a él, lo escuchaba perfectamente, y también las enfermeras, ya que su habitación estaba frente al mostrador de Enfermería. Pues, mientras yo estaba medio dormida, entraron dos enfermeras en total silencio, manipularon el monitor y lo pusieron en silencio.

Al salir ellas, me levanté y miré qué habían hecho. Yo conocía de sobra el funcionamiento del aparato, puesto que en casa ya dormía con él y, al ver que lo habían silenciado, la rabia y la impotencia se apoderaron de mí. Aun así, al ser las dos de la madrugada, no quise montar en cólera y llamar a la policía, pero estuve a punto. Al día siguiente se lo conté a la jefa de Enfermería y como si le hablara a un árbol. Esta es una de las cosas que, si me pasaran hoy en día, no permitiría.

A pesar de todo, agradezco la dedicación de la mayoría de los enfermeros y enfermeras que atendieron a Jaime. Las auxiliares eran puro amor. Cuando venían a cambiar sábanas y asearlo, yo aprovechaba para ir a por café, y ellas se quedaban con mi niño en la habitación hasta que yo llegaba. Eran diez o quince minutitos, pero para mí era una escapadita para tomar aire fresco, tomarme un café, llevarme otro a la habitación y, al llegar, verlo con su batita de hospital limpita, él repeinado y feliz porque había estado hablando con las auxiliares, se contaban chistes y, sobre todo, él les hablaba de pádel, de su queridísimo Juan Martín Díaz y de la colección de cromos que estaba haciendo del álbum de España.

Os adjunto el testimonio de Sergio Ferrando, el enfermero que más trato tuvo con Jaime y al que adorábamos tanto él como nosotros.

> *Es todo un honor, al tiempo que un reto, ponerle palabras a lo que Jaime evoca en mi mente.*
>
> *Tengo que reconocer que me encantaba gastarle bromas a Jaime, y la primera me la puso «a huevo» su apellido: «¡Qué eres d'Estrany Jaime!», le dije en más de una ocasión. Y a mis bromas siempre respondía con un lenguaje muy elaborado, el lenguaje propio de los niños que pasan demasiado tiempo rodeados de adultos. Ese uso tan cuidado del lenguaje te hacía pensar que era mucho más maduro de lo que era, cuando, en realidad, lo que hacía el señorito Estrany era repetir como una «cotorra traviesa» las expresiones que escuchaba a los mayores. Y que conste que lo hacía muy bien, pues tuvo que ser su madre quien me descubrió su truco. Si no me lo llega a advertir, fijo que acabo hablando con él sobre la expansión del ciclo económico...*
>
> *He hablado de palabras, pero Jaime era sobre todo mirada: imposible no recordar su expresión pilla, divertida, pero sobre todo limpia. En Jaime no había lugar para la maldad. Por eso al final uno no podía evitar hacerse la pregunta esa que no tiene respuesta: ¿por qué? Por más años de profesión que lleve uno a sus espaldas, cuando ve a un niño pasando tanto tiempo en el hospi-*

tal acaba haciéndose la dichosa pregunta. Y no crean que voy a intentar ahora darle respuesta. No lo voy a hacer, porque, simple y llanamente, creo que la respuesta a esa pregunta está muy lejos del nuestro alcance. Jaime seguro que ya sabe su respuesta, una respuesta que seguro le habrá dejado satisfecho.

En este escrito me voy a permitir ir alternando temas alegres con temas tristes, y temas banales con otros trascendentes. Lo haré así porque considero que la vida no tiene un género único, sino que se van alternando.

Las tardes en el hospital se les suelen hacer muy largas a los pacientes, sobre todo si son niños. Por eso, en la medida que el trabajo me lo permitía, intentaba buscar algún aliciente para mis pequeños pacientes. El 4 de septiembre de 2016 les propuse hacer una porra para un partido de España a Jaime y a sus padres. Empezamos nosotros a decir los resultados: 2 a 0, 3 a 1, etc. Y cuando llegó el turno de Jaime, va y suelta: 10 a 0. Todos le tachamos de exagerado, pero él se mantuvo en sus trece. El partido se jugó al día siguiente, lunes, y el resultado fue de 8 goles a 0 a favor de España. Jaime ganó la porra por ser el que más se aproximó. Después quisimos poner a prueba sus poderes adivinatorios con una quiniela, pero no hubo suerte, tocó seguir trabajando.

También recuerdo como Jaime me regalaba sus cromos repes, y también cuando mi hijo le visitó en el hospital. Jaime presumió de tele y se alegró de ver a Raúl.

Se fueron sucediendo diversos ingresos, hasta que en noviembre de 2018 tuvo lugar el último. Todos, menos Jaime, sabíamos lo que iba a pasar. Tengo un recuerdo nebuloso en donde le cambio la medicación que le ayudaba a estar tranquilo, y recuerdo con total nitidez el momento en que me despedí de él. Cuando salí de la habitación, sabía que nunca más le iba a volver a ver, ni a él ni seguramente a sus padres, ya que yo disponía de tres días libres. Pero me equivoqué, cuando estaba escribiendo en el ordenador, vino al control de enfermería su padre, y casi sin poder articular palabras me dio las gracias. Y no sé por qué en ese momento no le abracé, lo debería haber hecho, nos habría ido bien a los dos.

Cuando regresé de mis días libres, Jaime ya no estaba, y sus padres tampoco. Mi amigo Estrany estaba ya volando alto.

Han pasado más de cuatro años de aquel día. Si les soy sincero, del historial médico de Jaime solo recuerdo la palabra seringomielia, nada más. No sería capaz de mencionar con certeza ninguno de los centenares de fármacos que le administré, pero en cambio ya ven el gran recuerdo que me dejó. Está claro que el factor humano trasciende al técnico en esta profesión tan bonita que tengo: la enfermería.

Muchas gracias por haberme dado la oportunidad de participar con mi relato.

Y a ti, Jaimito, quiero decirte que estoy seguro de que algún día iré a buscarte allá donde estés. Y lo haré, sobre todo, para que me pongas rápidamente al día de todos los cotilleos, porque también recuerdo lo «gran maruja» que eras. 😉

Es tremendamente emocionante como madre leer los testimonios que me envían relacionados con mi hijo. No puedo parar de repetir lo orgullosa que estoy de él, mi niño de la eterna sonrisa.

Mª Jesús Andreu, ya he hablado un poquito de ella, también ha escrito unas palabras como doctora de familia que os comparto a continuación:

Soy pediatra en el Centro de Salud de Camp Redó en Palma de Mallorca desde hace 25 años.

En este tiempo, much@s niñ@s y sus familias han pasado por mi consulta, y en mi memoria guardo lo mucho que he aprendido de muchos de ell@s, momentos diversos.

Pero hay un porcentaje de ellos que los guardo en mi corazón para siempre.

Uno de ellos, claramente, es Jaime.

Tuvo un inicio en esta vida terrenal muy complicado, pero, con el trabajo de los sanitarios, de su maravillosa familia (su madre Antonia, su padre Jaime y su hermana Paula) junto al resto de familia, amigos, y su ángel interior, con su gran vitalidad, le hizo progresar y disfrutar de la vida, de sus aficiones, como el pádel, a pesar de sus limitaciones.

Si hay tres cualidades de Jaime que me llegaron al corazón, y que tendríamos que ejercitar todos/as, fueron: su sonrisa sincera, el que, pese a encontrarse con situaciones que no le agradaban, se esforzaba por afrontarlas y, por último, su sentido del humor, siempre recordaré aquel día en mi consulta en el que tuve un despiste y él me dijo: «¡Ay estos médicos!», con sonrisa incluida, claro.

Jaime, sé que estás al tanto del libro que tu familia te quiere dedicar. Para los que creemos en la existencia de otra dimensión, seguro que estarás feliz.

Siempre en mi corazón,
María Jesús Andreu Zamora.

PD: Gracias, familia, por el privilegio de poder participar en este proyecto.

Querida Chusa, el placer es nuestro, porque, a pesar de las adversidades a las que te has enfrentado últimamente, has sacado lo mejor de ti para colaborar con tu testimonio. Eternamente agradecidos por todo lo que hiciste con Jaime como gran profesional que eres.

Es este apartado, quiero compartir dos testimonios más. El de mi hermana, madrina de Jaime y mi alma gemela, y el de mi hija Paula, la súper hermana que tuvo y tiene Jaime, la niña que ansiaba tener un hermano o hermana y, a pesar de todo, afrontó la situación con una madurez espectacular digna de admirar.

Hola, soy Isa y tengo el placer de poder escribir sobre mi ahijado Jaime, mi «churrín», le llamaba siempre.

Jaime ha sido un niño que yo lo llamaría la bondad y alegría más pura que nunca he conocido, siempre estaba feliz, me enseñó lo que es el amor verdadero, ese que no tiene límites. Me daba fuerza para luchar, y todos los problemas pasaron a no ser problemas. Tuve el placer de cuidarlo mucho y estar siempre, tanto en el día a día como cuando teníamos médico, pruebas, etc., que, por desgracia, fue en muchas ocasiones. Pese a todo eso y que él necesitaba de todos los cuidados, nunca sentí que eso me costara, todo lo ponía muy fácil y siempre me decía: «Madrina, gracias por cuidarme», y sonreía. A mí me llenaba de vida y a su lado siempre era feliz. Era muy listo y pillo, le encantaba bromear y el cachondeo, yo siempre le pedía besos, fotos y él, con su cara de «qué pesadita eres», acababa cediendo.

Cuando lo cuidaba por las noches, siempre pedíamos comida china y disfrutábamos de la cena. A la hora de dormir estaba pendiente de que yo estuviera bien y tranquila.

A veces me costaba disimular la preocupación de que respirara bien, no se atragantara o algunas cositas que le pasaban a Jaime, pero siempre me daba fuerzas y, con su gran sonrisa, sentía que podía con todo.

Fue un héroe. Compartir mi vida con él ha sido un lujo y una gran enseñanza. Hasta en los momentos más difíciles y complicados, siempre tenía la sonrisa dibujada en su cara, y eso es porque era un niño muy feliz que nos dio una gran lección de vida a todos.

Hermana, te quiero con toda mi alma.

Paula, mi hija, también ha compartido unas palabras para su hermano. Le ha costado muchísimo porque, cuando tienes tanto que decir, no sabes cómo empezar, así y todo, aquí os comparto el testimonio de la persona más importante en mi vida:

Jaime ha sido el mejor regalo que mis padres me han podido dar.

Tengo claro que es la persona a la que más voy a querer durante el resto de mi vida, hasta que llegue mi hora de partir del plano terrenal y reencontrarme con él en el paraíso.

Los años a su lado fueron los más bonitos de mi vida y a la vez los más difíciles. A pesar de todos los problemas que tuvo, nunca se quejaba, lo único es que no podíamos ver nada más en la tele que pádel, «Doraemon» y «La patrulla canina».

Me encantaba darle mil besos y hacerle rabiar. Si hubiera podido, me hubiera pegado un puñetazo, pero al no poder me decía: «¡Déjame ya, pesada!», y yo me partía de la risa.

He aprendido muchas cosas de mi hermano y, gracias a él, hoy soy la Paula fuerte y valiente que lucha por conseguir sus sueños.

Jaime, te he querido y te quiero con todo mi corazón y mi alma. Te echo mucho de menos y la nostalgia en muchas ocasiones me invade el corazón. Al momento pienso que estás ahí, a mi lado, cuidándome y guiándome en el camino, y me tranquiliza. Me has enseñado muchas cosas, sobre todo lo que te he dicho antes, a ser fuerte. Te quiero.

Tu tata.

Qué grande eres, hija mía. A pesar de todo, me enorgullece que saques la parte positiva de las cosas, sobre todo de esta experiencia tan complicada por la que has tenido que pasar a tu corta edad.

Sabes que, tanto para mí como para papi, eres lo más importante en nuestra vida. Te queremos con locura y quizás intentamos protegerte demasiado; pero, como te he dicho muchas veces, nos preocupamos por ti, porque eres el pilar que nos mantiene con vida y nos ha ayudado a salir del hoyo donde nos sumergimos cuando falleció Jaime. Perdóname si te agobio, pero, cariño, si te pasara algo, me iría tras de ti, eres mi gran ilusión para seguir adelante y ser fuerte como lo eres tú, como a Jaime le gustaría, y como le gusta, porque bien sabes que él está entre nosotros y siempre lo estará hasta que llegue el momento de poderlo abrazar.

El testimonio que os comparto a continuación es el de mi marido, Jaime. Él ha sido mi mayor apoyo durante todo el proceso de duelo. Quizás yo lo fui cuando Jaime estaba entre nosotros, pero os aseguro que, en los momentos complicados o muy complicados, él siempre ha estado tirando de mí para que continuara hacia adelante.

Querido hijo:

Quiero dedicarte unas palabras porque sé que te llegarán al corazón y para mí será un honor, pero, si te digo la verdad, no sé por dónde empezar. Tengo tanto que agradecerte, tantas innumerables cosas, que lo único que puedo decir es «gracias». Sí, gracias por estos años juntos, por esa sonrisa llena de ganas de vivir que nos regalabas todos los días. Nunca pensé que te marcharías de nuestro lado, pero así fue. Aún no me creo que no estés con nosotros, que no me preguntes a qué hora juega el Real Madrid para poder verlo juntos o que no me pidas que te ponga los partidos de pádel en el ordenador.

Se me pasan tantas y tantas cosas por la cabeza, que no sé qué escribir y cómo expresarlo. No pasa ningún día que no te recuerde y, aunque aún me cueste creer que ya no estás a mi lado y no hable de ti, es porque cada vez que me acuerdo me invade un sentimiento que no puedo describir.

Me dejaste muy pronto, quién me lo iba a decir, cómo imaginarlo..., ¡qué injusticia!, pero sí, así fue. Sé que te fuiste a un mundo mejor, no como el que le tocó vivir con tanta injusticia a tu persona, en el que luchaste como un superhéroe y que no supo corresponderte como te merecías.

La gente que te conoció y que tuvo la suerte de estar a tu lado aprendió de ti, mucho, y tú les demostraste lo valiente que eras.

Solo puedo decir emocionado, como no puede ser de otra manera: «Gracias, hijo, muchas gracias por dejarme ser tu padre. Ha sido, a la vez que duro, lo mejor que me ha podido pasar en la vida junto a la familia que formábamos y que fui afortunado de que llegaras a mi vida».

Sé que nos volveremos a ver y que disfrutaremos de nuestras tardes de chicos como hacíamos antes.

Solo te puedo decir: «Te quiero y gracias, Jaime».

Tu padre, que nunca te olvida.

Dentro de las posibilidades, le intentábamos dar a Jaime todos sus caprichos, sobre todo que pasara los días lo mejor posible. Los viernes comíamos en casa de los abuelos y, si no había cole, le apasionaba ir en autobús. Su abuelo Jaime se pasaba toda la mañana de bus en bus, paseando con él, se paraban a tomar un zumo y, al llegar a casa, la abuela había preparado la comida que tanto le gustaba a su nieto. La sopita de la abuela era deliciosa. Coincidíamos con sus primos Julia y Raúl, él era también su padrino. Desde que entraba por la puerta, su cara era de plena felicidad. «¡Hola, abuela! ¡Qué hambre tengo! ¿Ha llegado el padrino?», exclamaba. Durante la comida, el tema principal de conversación era el pádel, ¡cómo no!, pero también el fútbol, porque tanto Jaime como su padrino eran forofos del Real Madrid.

Al terminar de comer, Raúl jugaba con Jaime a la pelota, hacía todo lo que le decía: «Arriba, padrino», «contra la pared», y se lo pasaba genial. Santa paciencia has tenido,

Raulito, pero sabes que para Jaime fuiste un súper padrino, un magnífico primo, y lo llenabas de vida. No pudimos elegir un mejor padrino que tú, siempre pendiente de él, muy atento y dándole muchísimo cariño y amor.

Sabemos que su partida fue el peor golpe que nos ha dado la vida, pero estuviste siempre a su lado, a nuestro lado, apoyándonos y animando a Jaime en cualquier situación.

Mi hermano Paquito, más de lo mismo. Lo caracteriza su sentido del humor y, cuando se veían, todo eran risas y cachondeo. Se metía con Jaime hablando de fútbol, metiéndose con los jugadores del Real Madrid y entraban en un intercambio de opiniones muy divertido. Jaime se partía de risa. Él es muy buen cocinero, su especialidad es la paella. Cuando Jaime sabía que íbamos a casa del tío Paquito, ya le contaba a todo el mundo qué iba a comer: «¡La paella del tío Paquito!», le encantaba.

La partida de un ser querido siempre es dura, pero la de un niño que ha peleado por vivir y ha disfrutado de todas las oportunidades que le ha dado la vida, luchando sin parar, siempre contento y dando continuo amor a todo el mundo sin esperar nada a cambio, es lo peor para unos padres, por supuesto, pero también para la familia y los amigos más queridos. Tanto mi madre como mi padre no son los mismos desde la partida de Jaime. El día de su fallecimiento, mi padre y su mujer estaban de viaje. No recuerdo dónde, pero sí que era lejos, y sé que eso lo lleva mi padre clavado en el corazón. No pudieron adelantar el viaje de vuelta, pero gracias a Dios llegaron a tiempo el día del velatorio de Jaime. Fue un momento desgarrador. Yo estaba junto al ataúd de mi hijo y me tocaron el hombro, escuché mi nombre de boca de mi padre, que estaba destrozado junto a su maravillosa mujer Margarita, y al girarme solo recuerdo gritos y llantos. Qué pena tan grande.

Mi madre y mis suegros estaban ahí, pero era como si no estuviesen. Se notaba en su cara descompuesta la gran tristeza que les invadía el alma. A partir de ese momento, no han vuelto a ser los mismos, y han decaído mucho en lo que a salud se refiere. Desde aquí les digo que no han podido ser mejores abuelos, cada uno le ha aportado cosas diferentes, que se complementaban unas con otras, y todas maravillosas. No olvidéis que Jaime está a vuestro lado y seguro que os diría: «No lloréis y sonreíd». Lo mismo les diría a su tía Xisca, su tío Pau y resto de familia, que siempre lo han dado todo por él, por nosotros, con la misma finalidad, la felicidad de Jaime y una mejor vida para él.

Ahora os presento a Tere y a su hija Alba (mi rubia). Sé que le ha costado muchísimo poder dedicar unas palabras para Jaime, ¡no os lo podéis ni imaginar! Pero aquí están, y os aseguro que son palabras puras y muy nobles, salidas de su gran corazón.

Describir la relación de Jaime junto a su familia, es algo complicado, puesto que hemos estado y estamos unidos desde que Jaime tenía apenas 1 año. Yo también tengo una hija con Parálisis Cerebral, se llama Alba, y nació el mismo día que Jaime, pero 3 años antes. Vivir con hijos/as en esta situación, es muy complicado, pero hacerlo rodeado de personas que se convierten en familia, en la misma situación, ayuda mucho. Para mí Jaime era tremendo, le decía que tenía la lengua de trapo porque era un parlanchín y hablaba muy rápido. Los años que vivió fueron muy complicados por diferentes circunstancias, pero tanto él como la familia y amigos/as, han luchado para darle la mejor calidad de vida que podían, que es lo más importante para unos padres con un hijo/a con necesidades especiales. A pesar de todas las operaciones y complicaciones, cuando pienso en Jaime se dibuja una sonrisa en mi cara. Era un niño muy especial, siempre estaba contento, se le notaba que era feliz y eso reconforta mucho a las personas que le querían como yo.

Jaime, ahí donde estés, sé que nos cuidas y nos guiarás en el mejor camino de la vida.

Tere y Alba.

A corazón abierto

Cuando somos pequeñitos y empezamos a tener uso de razón, nos enseñan que los seres humanos nacen, crecen, se reproducen y mueren.

Este sería el tránsito que debería seguir el proceso de la vida de cada uno de nosotros y nosotras, pero hay excepciones y esta es una de ellas. Llegados a este punto, me gustaría transmitir lo feliz que soy hoy por hoy de haber sufrido todo lo que he sufrido.

Han sido muchas fases durante estos años desde que Jaime falleció, y me sorprendo a mí misma diciendo esas palabras, pero os voy a contar todas las etapas, situaciones y sucesos ocurridos que me han hecho llegar a pensar así y sentirme bien.

Como habréis podido leer, la vida de Jaime ha sido muy dura. Mucha gente piensa, y decía cuando él estaba vivo:

«Pobrecito, pobre familia, me pasa a mí y me muero», y sí, es algo que no le deseo a nadie. Todos los que tenemos hijos sabemos que son lo que más se quiere en la vida, hasta el punto de dar la vida por ellos. En millones de ocasiones pedí a Dios que todo lo malo que le pudiera pasar a Jaime me pasara a mí. En este caso por él, ya que todo se complicaba por momentos, y verlo sufrir, entrar tantas veces a quirófano, ver que cualquier cosita se le complicaba —como un lunar que le salió detrás de la oreja y también le tenían que extirpar porque parecía maligno— era desesperante. Sabía que tenía en mi vida a un niño milagro y que podía superar todos los obstáculos que la vida le ponía por delante. Había superado lo insuperable, pero, claro, no es lo mismo intervenirlo quirúrgicamente cuando es pequeño que hacerlo cuando es más mayor. El mayor dolor, que me partía el corazón en pedazos, era el momento de estar en la sala preoperatoria y tenerle que soltar la mano para que entrara en quirófano. Aquel momento era terrible. Él lloraba desconsoladamente gritando: «¡Mami, no me dejes!», y yo tenía que hacer de tripas corazón sonriéndole y diciéndole que no se preocupara, que no pasaba nada, y lo esperaba en el pasillo.

Al salir al pasillo me derrumbaba totalmente, por suerte, gracias a mi marido y al apoyo de familiares y amigos que siempre nos acompañaban en estos procesos, las horas eran más llevaderas; pero nuestros rostros reflejaban preocupación y pena, pena porque no era justo que un niño pasara por tanto sufrimiento en tan poco tiempo, porque todo el mundo que lo conocía lo quería y amaba con todo su corazón, ¿y sabéis por qué?, porque Jaime era el niño de la eterna sonrisa. Su cara de felicidad transmitía paz al mundo entero, esa paz que lo caracterizaba, por la luz que desprendía, que cautivaba las almas de las personas.

Tras nueve años luchando contra las adversidades, llegó un día que jamás pensamos que fuera a llegar, el peor de nuestras vidas, eso sí, con nuestro hijo luchando hasta el último momento.

Ahora llega un punto muy complicado para mí, y es el poder explicar y transmitir el proceso que llevó a Jaime a volar alto.

A cara o cruz

Anteriormente os he comentado brevemente los síntomas que padecía Jaime antes de fallecer. Voy a entrar más en detalle, incluyendo también anécdotas y sucesos divertidos, que los hubo.

De agosto a noviembre del 2018 estuvo prácticamente siempre hospitalizado. Tras una consulta con la neuróloga, le enseñé un vídeo que le había hecho a Jaime mientras dormía, ya que veía algo anormal. Se despertaba con mucha frecuencia y me daba la sensación de que paraba de respirar. Lo grabé porque ya dudaba si era yo que tenía paranoias o si realmente algo estaba pasando. Cuando la doctora vio el vídeo a finales de julio del 2018, automáticamente solicitó el ingreso de Jaime, puesto que al dormir tenía apneas de hasta un minuto. Me comentó que era muy peligroso y debía estar en vigilancia permanente porque, en una de esas apneas, podía no remontar y fallecer. Los nódulos que tenía en el bulbo raquídeo habían crecido y lo estaban oprimiendo. Ese era el motivo por el que Jaime sufría graves apneas. La situación era complicada, pero bueno, esperábamos a los neurocirujanos para pasar por quirófano y que le quitaran esos nódulos. Tras varias pruebas médicas, nos informan que la intervención es muy delicada, extremadamente delicada, y no nos podían asegurar que saliera todo bien. Había muchas probabilidades de que Jaime, debido a su estado de salud y sobre todo por los problemas de respiración, no superara la intervención quirúrgica, pero no nos quedaba otra alternativa que firmar y aceptar lo que sucediera, siempre con la esperanza y convicción de que todo iba a salir bien. Esta operación la tenían que realizar unos neurocirujanos en concreto, debido a la dificultad y riesgo que había. Esperamos en el hospital hasta principios de septiembre para que se la realizaran. Durante este largo mes, le decíamos a Jaime que parecía que estaba en un hotel e intentamos hacerle los días más llevaderos. Tenía visitas constantes y, como en aquel momento estaba completando el álbum de cromos de España, todo el mundo que lo visitaba le traía sobres con cromos, además de chuches, patatilla, todo lo que a él le gustaba. No recuerdo un solo día que no fuera feliz aun estando en el hospital.

A los pocos días empezó a tener fiebre, y no se la podían controlar de ninguna manera. Ningún analgésico le hacía efecto, constantemente le poníamos paños de agua fría, le dábamos baños, y nada. Ver aparecer a la enfermera por la puerta de la habitación con el termómetro en la mano era muy angustiante. Un dato curioso es que Jaime no estaba caliente, lo tocabas y no parecía que tuviera fiebre, pero sí la tenía, en ocasiones solamente era febrícula, y era señal de alarma. Ahí se dieron cuenta de que la presión de los nódulos sobre el bulbo del encéfalo cada vez era mayor, y la situación iba empeorando.

Me gustaría explicar de forma breve pero concisa qué es el bulbo raquídeo, dónde se encuentra y sus funciones.

> *El bulbo raquídeo es la parte terminal del tronco encefálico, está localizado entre el puente y la médula espinal. Contiene los centros para la regulación de las actividades respiratorias, vasomotoras, cardiacas y reflejas. Los problemas que pueden surgir al tener algún tipo de alteración en dicha zona son las siguientes:*
>
> - *Parálisis.*
> - *Vértigo.*
> - *Problemas para tragar.*
> - *Problemas para hacer movimientos como girar la cabeza.*
> - *Dificultades respiratorias.*
> - *Pérdida de coordinación muscular*
> - *Afecciones en la temperatura corporal.*

Jaime padecía todas y cada una de ellas, de ahí la urgencia de tenerlo controlado las veinticuatro horas del día. Por nuestra ignorancia al respecto, la primera semana estábamos relativamente tranquilos, pero, cuando empezamos a investigar sobre la afección de nuestro hijo, todo se nos hizo muy cuesta arriba. Al saber realmente qué le pasaba, éramos mucho más conscientes de cada señal de alarma. Primero fueron las eternas apneas que lo obligaron a ingresar en el hospital, posteriormente la temperatura corporal, más adelante empezó a comer menos y se atragantaba más a menudo de lo habitual, y lo que realmente ya no nos dejaba ni separarnos de él un minuto era que, cuando reía, se ponía de color azul debido a que no podía reír y respirar a la vez. Jaime era el niño más risueño del mundo. De ahí el título del libro y la palabra clave en cada uno de los testimonios, la «sonrisa» que lo caracterizaba. Imaginad llegar a ese punto en el que internamente no queríamos que le hicieran reír porque le costaba remontar la respiración muchísimo..., era terrible. Así y todo, nos organizábamos bien para que estuviera entretenido. Salíamos a pasear por los pasillos del hospital en la silla de ruedas, hablábamos con pacientes, enfermeros, con quien nos encontrábamos por el camino. Salíamos a un parque interior situado en la planta infantil, mirábamos cuentos y el resto del tiempo veía pádel, fútbol y se aficionó muchísimo a *La patrulla canina*. Decía que de mayor quería ser policía, y su peluche de Chase lo acompañaba a todas partes. Dormía con él, le realizaban pruebas médicas con él, incluso partió con él.

Por la noche, cuando empezaba a tener sueño, teníamos un pequeño ritual. Jaime me decía: «Mami, ¿montas el chiringuito?», y ese momento era nuestro, porque significaba quitar los cojines del sofá de la habitación y ponerle las sábanas. Lo giraba de lado con su peluche, comprobaba que los electrodos estuvieran todos bien conectados, apagábamos la tele y nos poníamos a dormir. Yo aprovechaba para contestar mensajes con el móvil o mirar redes sociales, hasta que de repente Jaime se empezaba a dormir y sonaba la alarma del detector de apneas. Podía sonar una media de doscientas veces diarias, la mayoría cuando hacía la siesta y por la noche cuando dormía. Entonces, cuando él descansaba, el hospital estaba en silencio absoluto y yo estaba tumbada en el sofá al lado de Jaime, mi cabeza empezaba a dar vueltas y vueltas. Para mí ese era el peor momento del día porque la preocupación me invadía de tal manera que no podía parar de llorar. Era increíble la conexión que teníamos Jaime y yo, porque os prometo que lloraba en total silencio para que él no me escuchara, y cada noche me decía: «Mami, ¿por qué lloras?», y siempre le decía lo mismo, que me dolía la cabeza y que al dormirme se me pasaría, que no se preocupara, y siempre me contestaba: «Si te duele, dile a la enfermera que te dé un ibuprofeno o paracetamol», realmente no lo pronunciaba tal cual, pero se asimilaba bastante y se entendía perfectamente.

Por fin llegó el día de la operación y teníamos una mezcla de sentimientos indescriptible, pero la fuerza de Jaime y las ganas que tenía de irse a casa nos daban la fortaleza necesaria para disimular delante de él el sufrimiento y la pena tan grande que nos invadía el corazón y el alma. Cuando lo bajaron a la sala de preoperatorio, no paraba de preguntar qué le iban a hacer, y qué podíamos decir: «Te van a curar para poder irnos a casa. Como eres un hombretón, entrarás con los médicos y, cuando salgas, papá y mamá estarán aquí. Tienes que ser superfuerte, campeón». Al momento se lo llevaron a quirófano gritando y llorando desconsoladamente: «¡Mamá, mamá, no me dejes solo». Al salir al pasillo donde me esperaba mi marido con familiares y amigos, ya me derrumbé. Habíamos pasado por muchos momentos complicados, situaciones difíciles, pero Jaime ya tenía nueve años y era muy listo. La operación duró ocho eternas horas en las que se podía cortar el ambiente con un cuchillo. Estábamos todos muy tensos sin parar de mirar la pantalla informativa, esperando que saliera el nombre de Jaime en la sala de reanimación, señal de que la operación habría terminado. Llegó ese momento y la neurocirujana habló con mi marido y conmigo. Nos dijo que había ido todo bien, habían conseguido vaciar el líquido de los nódulos, que no habían podido extirpar ante el riesgo de dañar el bulbo raquídeo. Dentro de todo no era mala señal, ya que los nódulos no tenían por qué reproducirse de nuevo, y llorando como magdalenas, fundidos en un gran abrazo, salimos al pasillo a dar la noticia a toda la gente que había estado a nuestro lado. Lo recuerdo como un momento precioso. Por una parte, yo estaba tranquila por el informe de la doctora, y ver a tanta gente llorar de alegría, abrazándonos y diciéndonos lo grande que era nuestro hijo me llenaba de orgullo y satisfacción. Gracias al personal médico, cada uno de los que estaban allí pudieron entrar en la UCI para verlo. Impresionaba mucho porque llevaba tubos por todos lados, pero respiraba tranquilo. Mi marido pasó allí la primera noche y, como solamente podía haber una persona, nos fuimos turnando.

A la semana lo subieron a planta y aquello fue un desahogo muy grande. Tuve la sensación que se tiene cuando estás bajo el agua y no te queda aire. De repente subes a la superficie, respiras profundamente y todo vuelve a la normalidad.

La llegada a la habitación fue espectacular. Todo el personal sanitario fue a visitar a Jaime, a darnos cariño, apoyo y tranquilidad. Todas las enfermeras me abrazaban y no paraban de repetir: «Sabíamos que todo iba a ir bien. Jaime es un campeón», y así fue. Estuvimos quince días más hospitalizados, hablo en plural porque yo vivía allí y mi marido venía al salir de trabajar, así que decidimos tomarlo con humor, a Jaime le recordábamos que era como vivir en un hotel. Seguía teniendo visitas con regalitos, le traían comida de la que a él le gustaba, como una buena tortilla de patata de su abuelo Jaime, la empanada gallega de su abuela Otilia, cocarrois del abuelo Pau y Margarita, en fin, que podíamos alimentar a toda la planta.

Era increíble lo bien que se estaba recuperando Jaime. Tenía una cicatriz de unos veinte centímetros entre la cabeza y la nuca, llena de grapas. Cada día se las curaban y ponían una venda. Jamás se quejó, bueno, era un momento agridulce: ambos sabíamos que no le hacían daño; pero, cuando abrían la puerta de la habitación y entraba la enfermera con la bandeja de curas, él me miraba y decía: «¿Otra vez, mami? ¡Qué pesadas!». A mí no me quedaba más remedio que reír porque, con ese acento medio andaluz que no sé de dónde sacó y lo gracioso que era, al final terminábamos todos riendo. Había una enfermera que se llamaba Elena, sevillana, muy divertida y muy buena profesional, que, cuando le tocaba hacerle la cura, mantenía unas conversaciones sobre comidas y postres con Jaime que lo mantenían muy atento, escuchándola y mirándola fijamente. En un par de minutos, Elena le decía: «Ale, quejica, ya está. Que tú tienes mucho cuento y me dices que soy una pesada, tú sí que eres pesado con el pádel, pádel, pádel». Ese era el punto débil de Jaime y empezaban a meterse uno con otro, pasaban un ratito muy entretenido.

Jaime mejoró una barbaridad en pocos días. Por las noches seguía durmiendo con el monitor de apneas para controlar, y de vez en cuando pitaba, pero en la mayoría de las ocasiones era porque algún electrodo se había despegado. ¿Os imagináis qué tranquilidad no escuchar el pitido? ¡Hacía meses! Qué paz. Por fin veíamos el momento de irnos a casa y volver a nuestra rutina, que era diferente a la de los demás, pero que a nosotros nos gustaba.

Llego el día en el que los neurocirujanos, al ver que Jaime evolucionaba perfectamente, nos comentaron que al quitarle las grapas de la cabeza nos podríamos ir a casa. Mi marido, Jaime y yo nos miramos y cruzamos unas sonrisas indescriptibles llenas de amor. El mejor momento para nuestro hijo fue ese mismo día, cuando tocan a la puerta de la habitación y... ¡aparecen el gran Juan Martín Díaz y su hija! ¿Os podéis imaginar la cara de Jaime? En realidad, la cara de ambos se debía a que las lágrimas brotaban de sus ojos a borbotones a la vez que sonreían y se abrazaban. Ese fue el momento en el que pensé: «Jaime ya está bien». Al llorar de alegría, no se quedaba bloqueado, podía llorar y respirar a la vez. ¡Eso era magia! ¡Se podía reír a carcajadas sin quedarse sin respiración! Volvía a ser él, mi hijo deslumbrante en un momento más que feliz en su vida. Ya lo habían operado, le iban a dar el alta hospitalaria y va Juan Martín Díaz a visitarlo... ¡Lo más!

Recuerdo que lo primero que me dijo fue: «Mami, ves a buscar a Sergio (el enfermero) para que le presente a mi amigo Juan Martín». Justamente, Sergio tenía libre, pero al día siguiente le contó con todo lujo de detalles la visita sorpresa, con una sonrisa de oreja a oreja, le enseñamos las fotos que les hice y no paraba de contarle a todo el mundo que su gran ídolo lo había visitado en el hospital. Le dio un chute de energía enorme, y a nosotros como padres también. En su testimonio, Juan Martín comenta que yo siempre le daba las gracias, y se las sigo dando, porque el amor incondicional que le transmitió a Jaime durante su corta vida, sin conocerlo de antes, sin ser familia ni nada, eso lo hacen muy pocas personas, y esas personas tienen el corazón gigante, son generosos y no dudan en repartir su amor. Lo digo yo y lo dice todo el mundo que lo conoce, Juan Martín Díaz es Dios tanto dentro como fuera de la pista.

¡Volvemos a casa!

Tras más de dos meses hospitalizados, monitorizado, con angustia por las eternas y múltiples apneas, la fiebre incontrolable y la maravillosa superación de una intervención quirúrgica tan complicada y peligrosa, le dieron el alta a nuestro campeón. La salida del hospital se hizo eterna. Todos y cada uno de los sanitarios, personal de limpieza y vecinos de planta vinieron a despedirse de nosotros y a darle un beso a Jaime. Fue uno de los momentos más eternos, pero a la vez más gratificantes de mi vida. Nos subimos al coche con una sensación de sentimientos encontrados imposible de describir. Nada más llegar, fuimos al bar de Miguel, que está justo enfrente de donde vivíamos, porque Jaime y Pili, la mejor camarera del mundo, tenían una conexión muy especial con nosotros, comimos el plato del día en compañía de todos los vecinos que se acercaban a saludarnos, en especial nuestro queridísimo amigo Santi y su mujer Teresa. Padres de un hijo con discapacidad fallecido a los dieciocho años, ver a Jaime les recordaba mucho a su ángel y, entre lo amables que eran y la simpatía de Jaime, se hicieron grandes amigos. Santi, en este momento ya no te encuentras en el plano terrenal, ahora estarás en el más bonito paraíso junto a tu hijo y al mío. Llegará el día en el que nos reencontremos, querido amigo, y como voy a hacer ahora, lo haré después, darte las infinitas gracias por todo, sobre todo por el gran amor incondicional que le diste y nos diste a todos nosotros, a todos los que te conocimos. Siempre estarás en un lugar privilegiado de nuestro corazón.

Estábamos muy felices de volver a casa y retomar la rutina diaria, cole, terapias y, cómo no, ver mucho pádel. Por desgracia, la felicidad duró poco. Pasadas unas semanas, nos dimos cuenta de que Jaime estaba decaído, apagado, apático y no comía mucho, cosa que nos preocupó. Lo comentamos con el departamento de Paliativos que llevaba a Jaime y comenzaron a visitarlo regularmente en casa. Le tuvimos que poner de nuevo el monitor de apneas para descartarlas y le controlábamos la saturación de oxígeno en sangre a menudo. Dada la situación, que no era la esperada, deciden hospitalizar de nuevo a Jaime y le diagnostican neumonía. Requería de cuidados intensivos y oxígeno, así que vuelta a la UCI y el lío que conlleva, pinchazos para analíticas, para suministrar la medicación intravenosa, radiografías y un largo etcétera.

Recuerdo muchos momentos bonitos de los quince días que estuvimos allí. Las enfermeras le hacían globos hinchando guantes de nitrilo, con dibujitos, y cada semana pasaba un par de veces un musicoterapeuta, Pau Català, que empatizó mucho con Jaime. El primer día vino con objetos sensoriales. Cerramos los ojos y se escuchaban las olas del mar. Increíble. Pero a Jaime le llamó la atención la guitarra. Y así como era él de espontáneo, le dijo: «¿Sabes tocar la guitarra?». Pau le contestó que sí y Jaime le preguntó si sabía cantar, a lo que Pau contestó: «No se me da mal. ¿Cuál es tu canción favorita, Jaime? A ver si me la sé», y Jaime le dijo que su canción preferida era la de «Mi héroe» de Antonio Orozco. Pau le preguntó si se la sabía de memoria y mi niño respondió: «Claro, es mi prefe».

Hicieron un trato. Jaime comía un poquito más y Pau se aprendía la canción con la guitarra y la letra para cantarla juntos. Y así fue. Cuando lo veía acceder a la UCI, ya se ponía contento y, al entrar en su sala, le dijo: «Hola, Jaime, lo prometido es deuda». Pau había empezado a sacar la partitura de la canción y cada día que venía se la sabía más. Aquella media horita que compartían ellos dos juntos era muy gratificante y nos partíamos de la risa. Gracias, Pau, por tu trabajo y dedicación a estas personitas a las que haces tan feliz con tu presencia.

La evolución de Jaime era regular y, cuando dormía, necesitaba un poquito de oxígeno. Nos reunió el equipo médico y nos transmitió lo que ya sabíamos, pero en aquel momento no quisimos ver, es más, recuerdo que el neumólogo nos decía que tener neumonía era muy delicado y que se estaban planteando si dar el alta a Jaime o no. En ese momento yo estaba cegada por salir de ahí, ya que mi hijo lo pedía constantemente, y me enfadé mucho con ellos porque, claro, en la situación de Jaime, al hablar y ser consciente de todo, desde mi punto de vista, no estaba tan mal y no entendía que por una neumonía tuviéramos que pasar tanto tiempo en la UCI, con muchísimos medicamentos intravenosos, con pruebas en las que los pulmones salían bien, además, había recuperado el apetito y se lo veía más fuerte. ¡Buf!, me enfadé muchísimo porque nosotros jamás lo habíamos tenido en una burbuja, siempre lo habíamos tratado como un niño normal, haciendo de sus pies y sus manos, pero por lo demás era totalmente independiente, y neumonía ha tenido mucha gente. ¡¿Por qué mi hijo, aunque tenga parálisis cerebral, no puede tener neumonía?! Esa era la pregunta que yo les hacía, y no obtuve respuesta. Decidieron darle el alta médica, pero en casa tenía que estar conectado siempre al monitor de apneas y, en caso de bajarle la saturación, teníamos que ponerle un poco de oxígeno. También le probaron una mascarilla que le cubría la cara entera para que automáticamente, si entraba en apnea por la noche, le proporcionara el oxígeno necesario. Visto así y pensándolo hoy en día, era una locura, pero para nosotros no era molestia. Lo importante era que estaríamos todos en casita como quería nuestro hijo y, si necesitaba algo, lo teníamos todo a mano.

Llegamos a casa y al momento nos traen la bombona de oxígeno y más material sanitario por si lo necesitamos, además de la mascarilla con su correspondiente aparato. El equipo de paliativos nos explicó su funcionamiento con todo detalle, además, ya nos habíamos fijado en el hospital. Jaime estaba perfectamente controlado y donde más le gustaba estar, sentado en su butaca reclinable frente a la tele viendo pádel, cómo no.

Cuando le entraba sueño, me decía que nos fuéramos a la cama. Él tenía su habitación con la cama articulada para que estuviera cómodo y todo lo necesario a su alrededor. Le ponía la mascarilla, lo colocaba de costado con su muñeco y yo me tumbaba con él poniendo mi cabeza en sus pies para no ocupar tanto sitio. Es increíble que ni una sola vez preguntó por qué tenía que dormir con la mascarilla, ni con el pulsímetro, ni con los electrodos del monitor de apneas..., nunca dijo nada. En aquel momento no lo pensé, pero con el tiempo supe por qué era.

Cuando él se dormía, yo intentaba levantarme para irme a mi cama, pero era mover una mano y ya se despertaba, con lo que opté por dormir con él. A medianoche mi marido venía a buscarme porque mi posición no era muy cómoda que digamos, pero Jaime tenía un radar y yo, con tal de que él descansara, me pasaba las noches a su lado, durmiendo a ratos y sin perdonar la siesta que hacíamos los dos juntos cada tarde. De verdad que no me suponía ningún tipo de sufrimiento, es más, si en algún momento iba al baño y Jaime no se daba cuenta, me metía en mi cama, pero me resultaba imposible dormir, necesitaba estar junto a él.

Estuvimos unos diez días con esta rutina de la mascarilla, visitas de los médicos de paliativos a menudo, y bueno, más o menos nos decían que estaba todo estable y hacían hincapié en que los llamáramos en cualquier momento si observábamos alguna alteración o teníamos alguna duda.

Jaime tenía muchas ganas de ir al colegio para estar con sus amigos, así que, como allí tenía el apoyo en aula y una enfermera siempre presente, decidimos probar. Lo llevamos con un kit preparado para que le controlaran sobre todo la saturación y teníamos claro que, ante la mínima complicación, me llamarían por teléfono. La llamada no tardó en llegar. María del Carmen, enfermera del colegio Camilo José Cela, al que iba Jaime, era fenomenal. Estaba muy pendiente de él y cada dos por tres le ponía el pulsímetro. Me llamó a media mañana para comentarme que lo veía decaído, cansado y con saturación de oxígeno muy al límite; lógicamente, lo fui a recoger al cole enseguida, llegamos a casa, descansó un ratito y todo controlado. A partir de ese día, necesitó oxígeno de refuerzo por las noches, se lo ponía y se mantenía muy bien. Pasados dos días, la noche fue terrible. El monitor de apneas no paraba de pitar y le tenía que poner el oxígeno a tope para que no desaturara. Al despertarse por la mañana, quiso desayunar una natilla y le costaba tragarla. Me obsesioné con mirarle la saturación, os juro que no pasaban diez minutos sin que se la mirara, y lo fuimos controlando hasta la mañana del viernes 9 de noviembre. A pesar de estar despierto y con oxígeno a tope, mi niño no remontaba y se lo veía cansado, decaído, apático, no conseguía sacarle una sonrisa, y eso era muy mala señal, porque Jaime siempre tenía una sonrisa dibujada en su cara. Llamé a mi marido para que viniera a casa, ya que estaba muy preocupada, y enseguida llamé al teléfono de Urgencias de Paliativos. Al contarles lo sucedido los últimos dos días, la doctora me dijo que en veinte minutos estarían en casa, y así fue. Llegaron y Jaime estaba sentado en el sofá con el oxígeno puesto viendo la tele. Los saludó y le preguntaron cómo estaba, a lo que él respondió que bien, siempre decía que estaba bien, mi niño de la eterna sonrisa. Lo estuvieron mirando, auscultando y le colocaron un aparatito en la pierna. Fue ponerle eso y le cambió hasta el color de cara. Mi cara también cambió, pero la tranquilidad apenas duró unos segundos. La doctora y otra mujer a la que no habíamos visto nunca nos dijeron que fuéramos a la cocina para hablar. La doctora nos la presentó, era la psicóloga de paliativos. En ese momento estábamos relativamente tranquilos, pues Jaime estaba mejor, y creíamos que nos iban a decir que lo tenían que operar de nuevo. Ya lo habíamos pensado en más de una ocasión porque había empeorado y estábamos preparados para ello, pero no, nos dijo que debíamos tomar una decisión, que se lo llevaran al hospital o que se quedara en casa. Mi marido y yo nos miramos y él le comentó que no entendía esa pregunta. Al ver la cara de la doctora, entendí lo que nos quería decir y le pregunté: «¿Nos estás diciendo que nuestro hijo se está muriendo?», y asintió con la cabeza sin poder mediar palabra. No sé cómo describir ese momento, esa situación. No podíamos parar de llorar, de gritar, no podía ser, tenía que haber una solución. No dejábamos de preguntarnos por qué, abrazados, hundidos en la miseria, con ganas de tirarme por el balcón... Por Dios, ¿cómo podía pasar eso? Fue uno de los peores momentos de nuestra vida. Pero, como siempre habíamos hecho y no nos quedaba otra, después de un buen rato decidimos ir al hospital por varios motivos: uno de ellos porque teníamos la esperanza de que pasara un milagro y Jaime se recuperara; otro motivo era que nuestra hija tenía catorce años y, al no saber qué iba a suceder, no era adecuado que Jaime, su hermano del alma, falleciera en casa. En dos días tuvimos que tomar decisiones muy complicadas y esta fue una de ellas. Mientras venía la ambulancia, llamé a mi hermana y mi marido a la suya. Fue terrible. No podía parar de llorar, no articulaba palabra, y solamente le decía una y otra vez, una y otra vez: «¡Jaime se está muriendo!». Al llegar al hospital, ya estaba la tía Xisca en la puerta de Urgencias esperando. Nos abrazamos y no podíamos parar de llorar. Entraron a Jaime y a los diez minutos, desde la sala, escuché a mi hermana gritando entre lágrimas: «¡No puede ser! ¡Mi niño! ¿Dónde está mi niño?». Salí corriendo para decirle que no gritara porque Jaime estaba consciente y se enteraba de todo. Nos abrazamos, salimos a la calle, lloramos, gritamos, nos retorcíamos de dolor, dolor del alma, un dolor que parece que te han puesto una pesa de cien kilos en el pecho que no te deja respirar. Poco a poco fuimos controlando los sentimientos porque no queríamos que nuestro niño nos viera así. Enseguida le dieron habitación en la planta infantil donde siempre había estado hospitalizado, y nos dejaron la habitación contigua para que pudieran estar los familiares y amigos que nos quisieran acompañar durante ese durísimo momento que no le deseo a nadie.

Vuela alto, cariño mío

Las primeras veinticuatro horas, Jaime estuvo consciente. Llevaba puesto el oxígeno, veía pádel en mi móvil y estaba tranquilo. Lo visitaron en el hospital cientos de personas. Era tal la magnitud de la tristeza que sentían al saber que nuestro hijo se estaba apagando poquito a poco, que todo el mundo quería venir a darle un último abrazo. Para nosotros eso era muy duro, y la condición era que Jaime no notara tristeza en las personas que entraran en la habitación. Así que lo saludaban, le daban un abrazo y salían al pasillo del hospital, donde se derrumbaban por completo. Mi marido, yo y los familiares más cercanos no nos movíamos de su lado y, con una fuerza que no sabemos de dónde sacamos, disimulamos la situación real para no transmitirle a Jaime nuestro terrible sufrimiento.

Otro momento muy duro que jamás olvidaré y en el que tuvimos que hacer de tripas corazón fue la llegada de nuestra hija al hospital sin saber lo que estaba pasando. Cuando llegó con su prima Julia, a la que Jaime adoraba, mi marido y yo salimos al pasillo y le dijimos de la mejor manera que supimos el poquito tiempo que le faltaba a su hermano para partir de este mundo terrenal. Su reacción fue de desesperación y no paraba de decir: «¡Noooo! ¿¡Qué voy a hacer yo sin él?!». En ese momento, con el corazón en un puño, le dijimos que ella sabía que Jaime no estaba bien, últimamente estaba triste y apático, y ella asentía con la cabeza sin poder articular palabra. Su hermano había luchado muchísimo, pero ya no podía más. «Paula, has sido la mejor hermana que Jaime ha podido tener. Hemos tenido una vida maravillosa con él en la que, a pesar de las circunstancias, hemos sido felices y lo hemos pasado genial. Ahora nos toca mantener el recuerdo y aprender a vivir sin él». Mientras decía estas palabras, me quería morir, qué injusticia por Dios, qué situación más difícil, pero debía aguantar el tipo para que nuestra hija sufriera lo mínimo posible. Fuimos a la habitación y le dije que hablara con él y le diera todos los besos y abrazos que quisiera porque quizás no lo volviera a ver más, y así lo hizo. Nos demostró una vez más la gran hija que tenemos. Tuvo que madurar a la fuerza cuando nació Jaime, y su partida la llevó con una entereza brutal, aunque en ocasiones se derrumbaba. Al llegar la noche del viernes, Paula se fue a dormir a casa de su prima Julia y, bueno, nosotros ahí seguíamos tumbados junto a él, agarrándole la manita, tocándole el pelo y llorando sin que él se diera cuenta.

La noche fue eterna. Jaime dormía, pero sufría apneas de minuto y medio o más. En cada una de ellas pensábamos que ya no se recuperaría, pero, sin saber todavía el porqué, seguía respirando. Durante la noche pudo sufrir alrededor de trescientas apneas y, por una parte, cuando retomaba la respiración, nosotros también; pero, por otra parte, era tan angustioso que, como sabíamos cuál sería el desenlace, egoístamente queríamos que parara y siguiera su camino. Eso dependía de él. Por la mañana, se despertó tranquilo y muy pálido. Decía que tenía hambre y que quería un yogur de fresa. Se lo dije a la enfermera, pero tenía orden de no darle nada de comer. Jaime insistía y a mí se me partía más el alma. Decidí hablar con la doctora y le pedí por favor que nos dejara darle el yogur al niño. Ella insistía en que no podría comérselo, y se podía atragantar, aun así, y tras las súplicas de mi hijo, entendí que era una de sus últimas voluntades y asumí la responsabilidad. Efectivamente, la segunda cucharadita de yogur ya no se la pudo tragar, pero por mi parte me quedé tranquila porque había conseguido el yogur y mi niño también. Tras ese momento, valorando las apneas de la noche y sus constantes vitales, deciden que es hora de sedarlo para que no sufra y se dé más cuenta de lo que está pasando. Antes de hacerlo, nos piden que hablemos con él, que le digamos lo que sentimos, todo lo que queramos, puesto que ya no lo veremos de nuevo consciente. De verdad, no sé de dónde sacamos las fuerzas para enfrentarnos a tantas situaciones complicadísimas. Quería decirle tantas cosas, pero sin que él sintiera que era una despedida, que se me creó un nudo en la garganta y otro en el estómago que no me dejaban articular palabra, hasta que mi amor por él me empujó. Mis palabras fueron: «Cariño, mi vida, mi niño, mi corazón, mi tesoro, sabes que eres mi mundo entero. Te lo he dicho muchas veces y lo diré siempre, estoy muy orgullosa de ti. Eres un luchador nato, un campeón, no te puedo querer más, mi bebé, gracias por haberme dejado ser tu madre. Te amo, cariño, te quiero». Mi marido y otros familiares también le dedicaron unas palabras y le dimos cientos de besos y abrazos. Él nos miraba con los ojitos medio cerrados y la doctora estaba preparada para suministrarle la sedación cuando se lo indicáramos. Jaime me miró y le pregunté: «¿Te duele algo, cariño?». Él me contestó que no moviendo la cabeza. «¿Tienes miedo?». «No», respondió. «¿Estás preocupado?», a lo que contestó que sí. Lo miré fijamente cogiéndole sus preciosas manitas y le pregunté: «¿Por qué estás preocupado, mi vida?», y me respondió: «Por ti». Estallé entre lágrimas y gritos de dolor interno, no podía creer lo que estaba pasando, no nos lo merecíamos y Jaime menos todavía por todo lo que había luchado y superado, qué impotencia y rabia sentía junto a aquella insoportable opresión en el pecho, y en ese momento sedaron a Jaime. Eran las diez de la mañana del sábado 10 de noviembre y esperábamos la partida de nuestro hijo en cualquier momento. No nos separábamos de su lado, solamente para ir al baño. Me tumbé a su lado apoyando mi cabeza sobre la suya sin soltarle la mano, besándolo y repitiéndole una y otra vez lo que lo quería, amaba y lo orgullosa que estaba de él. Había momentos en los que en esa posición me quedaba dormida un par de minutos, hasta que alguna apnea me despertaba. Todavía siento el tacto de su pelo en mi cara, el ruido del oxígeno y un olor muy particular en su aliento. Jamás lo olvidaré.

Cada apnea parecía que sería la última, pero el tío aguantaba como un jabato luchando de nuevo por una razón que desconocíamos, y que no supimos hasta el domingo 11 de noviembre.

El sábado por la tarde, de repente, Jaime empezó a parpadear muy rápido y yo le decía a mi marido: «Ahora, cariño, se va nuestro hijo». Vino la doctora y nos comentó que ese parpadeo había sucedido porque la sedación no era suficiente. Por un minuto volvió a estar consciente, me miró y me dijo: «Te quiero»; miró a su padre y le dijo: «Te quiero», y se durmió de nuevo. Estábamos sentados uno a cada lado de Jaime y nos quedamos rotísimos. Apoyamos nuestras cabezas sobre él y no podíamos parar de llorar. En ese momento fue muy fuerte y nos dio mucha pena, hoy en día le doy las gracias por ese gesto de amor incondicional que tuvo con nosotros y por demostrarnos de nuevo que era un ser especial. Pasaban las horas y nuestro pequeño gran héroe seguía luchando contra una muerte inevitable. Estábamos todos destrozados del dolor, la pena, pero, mientras estaba ahí, teníamos un poquito de esperanza. Le pedí a Dios, a la Virgen, al universo, al mundo entero que, por favor, si tenía que partir lo hiciera ya, y si tenía que ocurrir un milagro, que ocurriera ya. Jaime estaba sedado, pero sé que se enteraba de todo. El sábado por la noche pasaron todas las enfermeras a despedirse de él y de nosotros, a cuál más afectada y triste. Jaime dejó en el hospital un gran legado entre todos los sanitarios: uno de ellos la lucha y superación, otro su simpatía y su gran sonrisa.

La noche del sábado al domingo fue criminal. Ya no teníamos fuerzas, ni lágrimas, eso sí, no nos movimos de su lado. Siempre juntos cogidos de la mano. Teníamos un pulsímetro propio y le íbamos controlando la saturación, que disminuía poquito a poco. Era tan triste ver que nuestro hijo se estaba muriendo y no podíamos hacer nada que no encuentro palabras para describirlo, se me pasa ahora mismo una por la cabeza, desesperación.

El domingo 11 de noviembre del 2018, Jaime seguía luchando. Estaba aferrado a este mundo con uñas y dientes. Nadie podía creer que aguantara tanto. A mediodía, cuando solamente estábamos mi marido y yo en la habitación, me acerqué a él y le dije: «Jaime, cariño mío de mi corazón y de mi alma, no podemos estar más orgullosos de ti, sé que me estás escuchando y que te lo he dicho mil veces, pero te repito que no podríamos haber tenido un hijo mejor que tú. Eres un campeón, un superhéroe, y entiendo que puedas estar cansadito de luchar. Sabes que te echaremos muchísimo de menos y que daríamos nuestra vida por ti, pero no podemos hacerlo, mi amor, solo Dios decide cuándo tenemos que partir, y ha llegado tu momento. Tienes que estar tranquilo y, cuando te vengan a buscar, vuela, cariño. Estarás en un sitio mejor donde no existen el miedo ni el dolor, y desde donde nos podrás cuidar a todos y estar entre nosotros, aunque sea de otra manera. El día de mañana, cuando nos toque volar a nosotros, nos volveremos a encontrar y seguiremos con una nueva vida juntos. Te queremos, vida mía, cuando tengas que marchar, hazlo, mi pequeño gran tesoro». Fueron palabras textuales que jamás olvidaré, palabras que salían directamente del alma acompañadas de lágrimas, muchas lágrimas que brotaban de nuestros ojos sin cesar. En ese momento, Jaime se tranquilizó y cesó lo que llaman «el ronquido de la muerte».

Pasadas unas horas, vino a visitarlo su amiguito Noah con su mamá y su papá. Todos nos fundimos en un gran abrazo con el corazón roto en mil pedazos. No paraban de repetir qué injusta era la vida, a lo que les daba toda la razón. Entraron en la habitación y pusieron a Noah en la cama junto a Jaime. Este amiguito también padecía parálisis cerebral. No hablaba, pero entendía todo, y junto con Jaime formaban un dúo maravilloso. Ellos dos se entendían. Recuerdo que Noah miraba a Jaime con carita triste, pero, al mirarnos a nosotros, sonreía. Era una situación extremadamente dura, pero sabíamos que a Jaime le gustaba que su amiguito estuviera ahí y Noah también estaba contento de estar en la cama tumbado con Jaime. Pasados diez minutos, le dije a su madre que sacara al nene porque no era plato de buen gusto para nadie de la familia, ya que nos daba más pena todavía. Salieron de la habitación y, a los diez minutos, Jaime falleció. Sí, estaba esperando la visita de su amigo, al que estoy segura siempre cuidará y guiará durante su vida.

Cuando Jaime dejó de respirar, yo solamente escuchaba gritos y llanto. Voló alto rodeado de toda la familia, amigos y seres queridos. No faltaba nadie. Mi marido y yo nos abrazamos a él sin poder parar de llorar y de decirle: «Descansa, cariño».

Muy amablemente, las enfermeras de guardia se ofrecieron a vestir a Jaime y nos dieron un ratito más para estar con él mientras venían los servicios funerarios. Le llevé su ropa favorita, porque era muy presumido, y elegimos lo que creímos que él hubiera querido: su pantalón vaquero, camisa blanca con rayas azules y sus superdeportivos Munich con los calcetines de *La patrulla canina*. Verlo vestidito en la cama con su muñeco Chase, que lo acompañó durante cada estancia en el hospital, me hizo dudar por un segundo, pensé que todo había sido una pesadilla y que estaba durmiendo; pero, al momento de tocarlo y verle la carita, fue caerme al suelo y querer morir.

Tras un fuerte abrazo y cientos de besos, se llevaron a nuestro hijo de la habitación. Era un querer y no poder, un querer porque lo que aguantó mi niño fue un milagro y no quería verlo sufrir más. No aguantábamos esas apneas eternas de varios minutos, no era manera de vivir; por otra parte, no podía dejarlo ir porque era mi niño, el niño de mis ojos, el que nos dio tanto amor, cariño y aprendizaje eterno que yo lo quería conmigo, pero era imposible. Mi marido y yo nos fundimos en un desesperado abrazo repitiendo una y otra vez: «No me lo puedo creer».

Eran cerca de las nueve de la noche y fuimos a la sección de la funeraria, situada en la planta baja del mismo hospital. Antes de continuar, quiero agradecer, en mi nombre y en el de mi marido, la gran empatía, cariño y comprensión recibidos de cada una de las personas que nos atendieron desde que Jaime falleció hasta que fue incinerado. Mi más sincera enhorabuena a todo el personal de la EFM (Empresa Funeraria de Mallorca) porque, a pesar del dificilísimo momento que estábamos pasando, lo complicado que era tener que elegir un ataúd cuando el cuerpo de nuestro hijo todavía estaba caliente, las flores y todo lo sucesivo, nos ayudaron a que fuera más fácil. Gracias, gracias, gracias.

Esa misma noche escribí en redes sociales un mensaje informando del fallecimiento de nuestro hijo. A Jaime lo quería muchísima gente y, aunque me costó, decidí hacerlo porque todo el mundo estaba muy pendiente de su estado. La cantidad de mensajes recibidos por todas las vías habidas y por haber fue impresionante, y durante unos días contesté o intenté hacerlo uno a uno. Al día siguiente del fallecimiento, se realizó el velatorio de Jaime con una misa íntima previa para los familiares más cercanos. Decidieron hacer el velatorio en la capilla del cementerio debido a la gran cantidad de visitas que se preveían. Cuando llegamos a las cuatro de la tarde de un lunes 12 de noviembre del 2018, las piernas me temblaban. Tenía una mezcla de ansiedad y tristeza que me ocasionaba un nudo en la garganta que apenas me dejaba respirar. El pasillo hasta la capilla se hizo eterno, parecía que no íbamos a llegar nunca, pero realmente era mi subconsciente que no quería llegar porque sabía que iba a ser la última vez en la vida que iba a ver a mi hijo, aunque fuera en un ataúd. Llegamos a la capilla donde nos esperaba el sacerdote para la misa. Al terminar, nos acercamos al nicho de cristal donde estaba Jaime y de nuevo se nos cayó el mundo encima. Estaba guapísimo, muy bien peinado y con una ligera sonrisa en su rostro. No podíamos tocarlo, ni abrazarlo, ni besarlo, era tal la impotencia que las palabras «por qué» no paraban de salir de mi boca. Vinieron cientos de personas a despedirse de él y llegaron cientos de ramos de flores con peluches y dedicatorias muy bonitas. A las ocho de la tarde, tras cuatro horas de velatorio, llegó el fatídico momento que no queríamos que llegara. El personal de la funeraria, concretamente uno de ellos, conocido nuestro del pádel, procedió a la apertura del nicho para que pudiéramos despedirnos definitivamente en el mundo terrenal de nuestro hijo. Lo acaricié de arriba abajo, le toqué su lindo pelo, sus manos, sus piernas, sus orejitas, le di todos los besos que pude y le repetí de nuevo que lo amaba con todo mi corazón y con mi alma. Chase, su peluche favorito, estaba abrazado a él, y les pedí que por favor no se lo quitaran. Jesús nos dijo que estuviéramos tranquilos, que tal cual estaba iba a ser incinerado. Él personalmente se iba a encargar de hacerlo, por voluntad propia, para que no tuviéramos que esperar más. Fue un gran gesto que jamás podremos olvidar. Gracias, Jesús, de todo corazón.

No podíamos estar más tristes y decaídos, pero teníamos que dejarlo marchar. Entre lágrimas, aplausos y gritos de «Jaime, campeón», se lo llevaron para siempre.

Tomar la decisión de incinerar o enterrar fue muy muy difícil. Tanto en mi familia como en la de mi marido, siempre que había fallecido algún familiar, lo habían enterrado, y nosotros jamás nos habíamos planteado qué hacer porque jamás imaginamos este fatídico desenlace. Y aunque suene egoísta, y creo que en aquel momento lo fue, lo hablamos y decidimos incinerar y poderlo tener en casa con nosotros. También quisimos que estuviera muy cerca de los abuelos y abuelas, que sufrieron mucho, regalándoles una urna pequeña con cenizas de Jaime, y para mi hermana, que era su madrina, para la hermana de mi marido y para mí, hice unos colgantes con un corazón en los que también había cenizas de nuestro ser fallecido más preciado, para que nos acompañara siempre. Lo hice con todo mi cariño y amor, como gesto de agradecimiento y consuelo por la gran pérdida.

Sé que, por una parte, podéis pensar que es un error porque puede traer más recuerdos y alargar la tristeza y la pena; pero, por lo menos para mí, fue una buena decisión. Cuando iba a cualquier sitio, sentía que Jaime venía conmigo, incluso en ocasiones hablaba con el corazón del colgante, y le podía llegar a dar decenas y decenas de besos al día. Me reconfortaba. Por otra parte, con el paso de los meses, me creó dependencia y obsesión hasta tal punto que, si iba a algún sitio, tenía que llevar siempre el colgante, no me lo podía quitar, hasta que un día le dije a mi hija que me gustaría ponerme un collar que tenía, pero no hacía juego con el colgante de Jaime, a lo que mi hija contestó: «Mamá, aunque no lleves el collar, Jaime está contigo», y sí, me lo quité. A partir de ese día y gracias a mi hija Paula, la obsesión de llevar el colgante a todas partes desapareció.

Con el corazón en la mano

Todo el mundo dice que la pérdida de un hijo es lo peor que te puede pasar en la vida y que el ser humano no está preparado para enterrar a un hijo porque es antinatural, y así es. Las etapas del duelo son tantas y tan complicadas que me he desesperado en cientos de ocasiones hasta el punto de cometer locuras de las que me he arrepentido y lo haré toda mi vida. Lo que tengo claro es que Jaime vino a este mundo para dejarnos una gran lección de vida.

Durante los nueve años que Jaime estuvo en el plano terrenal entre nosotros, tuvo decenas de intervenciones quirúrgicas, complicaciones e infecciones; pero, como lo gestionaba todo tan bien y se recuperaba siempre de una manera espectacular con su gran sonrisa y un sentido del humor muy característico, nos hacía llevarlo mejor a nosotros, a su familia. Había ocasiones en las que nos moríamos de rabia al ver que cualquier cosita se le complicaba, pero sin nosotros saberlo, nuestro hijo nos transmitía su gran energía espiritual y ayudaba a que lo afrontáramos y asimiláramos mejor. Dicho así parece todo bonito y fácil, pero para llegar a esta conclusión, y ahora sí que hablo en primera persona, he tenido que luchar contra las ganas de morir, medicarme, asistir a psicólogos, psiquiatras y un gran número de profesionales relacionados con la salud mental. Con el paso del tiempo, llegué a la conclusión que esas terapias no me ayudaban en nada, ya que cada vez que acudía a la visita era más y más de lo mismo, contar una y otra vez el motivo por el que no tenía ilusión de vivir, lo que me hizo entrar en un bucle de pena y tristeza del que no conseguía salir. Empecé a investigar terapias en grupo, hablé con familiares que estaban o habían estado en mi misma situación y me recomendaron que realizara un taller de duelo.

Ahora mismo no recuerdo cómo, pero se cruzó en mi vida Assumpta Mateu, terapeuta con formación y experiencia en acompañamiento del duelo y del final de la vida. Realizaba un retiro en La Alpujarra y, sin dudarlo, me apunté. Debía intentarlo porque así como estaba no podía vivir, ni yo ni mis seres queridos, ya que, sobrellevando también ellos el duelo de Jaime, me tenían que consolar y cuidar a mí. Tenían una doble lucha y no lo podía permitir. Conocí a gente maravillosa, cada uno con su pena y situación, compartimos situaciones muy duras, realizamos talleres y ejercicios muy intensos y concretos, con la finalidad de poder sacar todo el dolor que teníamos cada uno de nosotros dentro. No quiero entrar en detalle porque es el trabajo de una grandísima profesional y no considero oportuno publicar todo lo que hicimos y todo lo que pasó durante ese fin de semana, lo que sí me gustaría compartir son las fases del duelo, por lo menos las que en mi caso pasé.

Lo primero es la negación. La mente quiere negar la realidad, no puedes parar de repetir: «No puede ser», «esto no me está pasando», incluso pellizcarte con fuerza porque crees que es una pesadilla de la que no puedes despertar. Después aparecen la ira y la frustración. No paras de darle vueltas a la cabeza y pensar qué has hecho mal o qué más podrías haber hecho para que no hubiera sucedido. «¿Y si hubiera...?», la gran pregunta que ronda constantemente por la cabeza. Llega a ser una obsesión la búsqueda en bucle de razones y porqués para evitar sentirte culpable. Pensaba que, si hubiera hecho o no hubiera hecho tal cosa, hubiera actuado de una manera u otra, etc., habría podido evitar el fallecimiento de mi hijo. Con el paso de los meses, cuando crees que con el tiempo lo asimilarás y te encontrarás mejor, vas aceptando realmente lo que ha pasado y entras en una inestabilidad emocional que parece que viajas siempre en una montaña rusa. Creí que había aceptado que mi hijo había muerto, pero a raíz de esos altibajos tan pronunciados y terribles me di cuenta de que no era así y debía asumir que Jaime había fallecido. Afrontar esta situación implicaba darle un papel en mi vida que me dejara seguir avanzando. No podía continuar hundida en la miseria. Tenía a mi familia sufriendo, viéndome mal, y de la manera que pude tiré hacia adelante, me hice eco de lo que le dije a mi hija cuando le comunicamos que su hermano iba a fallecer: habíamos tenido una vida maravillosa junto a Jaime y ahora debíamos aprender a vivir sin él, pero sin olvidarlo jamás. Lo vivido con Jaime fue muy intenso y positivo, recordar los buenos momentos vividos junto a él nos ayuda a mantenerlo vivo en nuestro corazón.

Pasan los años y, cuando creía que estaba bien, que lo había aceptado y que la vida sigue, volví a caer en un hoyo, del que conseguía salir, pero volvía a entrar constantemente. La verdad, no era feliz, nada me importaba, me descuidé a mí, a mi marido, a mi hija, todo me sentaba mal, a la mínima me ponía histérica y sentía que no valía nada. Llegó un punto en el que decidí que quería estar sola, no tenía ganas de hablar con nadie y di el paso de hacer un impás en mi matrimonio. No sabía ni yo lo que quería y estaba perjudicando muchísimo a mi marido. Esa decisión fue bastante dura para ambos, pero más para mi marido. Él me quería ayudar, pero no sabía cómo porque yo no me dejaba. Tras unas semanas separados, aunque hablando a diario por teléfono, quedamos en persona y pude ver lo que sentía en su interior, lo mal que lo estaba pasando por la muerte de Jaime y al ver que no me dejaba ayudar. Lo vi con tal claridad que me di cuenta, como nunca antes, del pedazo de marido que tenía, lo que me quería, lo que me amaba y que de mí dependía nuestra familia, fue como un clic que sonó en mi cabeza y dije: «A por todas, por mí, por mi hija, por mi marido y por mi ser de luz, que me había elegido como madre para cuidarlo durante sus años de vida».

Era el 20 de julio del 2021 cuando decidí poner solución a mi situación. Me di cuenta de que todo dependía de mí, me tenía que dejar ayudar y seguir hacia adelante como siempre había hecho. La comunicación entre todos era mucho más fluida, podíamos ver juntos fotos de nuestro hijo sin hundirnos y recordar momentos y anécdotas muy divertidas vividas cuando éramos cuatro.

Quiero compartir algunos momentos y situaciones vividas con Jaime que nos han hecho reír mucho, era un poquito sinvergüenza dentro del amor que irradiaba.

Él empezó a hablar bastante pronto, con su lengua de trapo, como le decía mi amiga Tere, pero se le entendía perfectamente. Después del proceso de comer con jeringuilla, aprender a masticar, tragar y disfrutar de la comida, se convirtió en un comilón. Le gustaba todo, menos el puré, y lo entiendo porque hasta yo estaba aburrida de verlo comer de todo, pero triturado. Cuando le dábamos de comer, antes de tragarse el bocado, decía: «Ame más» (dame más), lo podía repetir cincuenta veces hasta que terminaba de comer. Un día le dije: «Jaime, no importa que cada vez que vayas a tragar me digas «ame más», y él, como era muy obediente, me hizo caso y a partir de ese momento sustituyó el «ame más» por «ham, ham, ham», poneos en situación, que un mico de dos años, con parálisis cerebral cuya evolución desconocíamos, te salga con esas... Fue muy divertido.

A Paula, su hermana, le gustaba mucho picarlo para que se enfadara un poquito. Ella le empezaba a dar besos por todas partes y Jaime le decía: «Déjame en paz», y nosotras nos partíamos de la risa, hasta que ya se enfadaba de verdad e intentaba con todas sus fuerzas mover el brazo para, como decía él, pegarle un puñetazo. Paula hacía como si le diera y él, con toda su chulería, le decía: «Tonta». Para mí, para nosotros, esos momentos eran muy divertidos, y el medio enfado le duraba poco. Enseguida le pedía perdón a su hermana y se iban a ver la tele juntos.

Otro recuerdo muy gracioso era el tema del dinero. Jaime, como todos los niños, si íbamos de compras y veía algún juguete, camiseta o cualquier cosa que le gustara, me miraba y, sin decir nada, veía en sus ojos que lo quería. Yo le preguntaba: «¿Te gusta, Jaime?». Él me contestaba que sí, pero antes me preguntaba qué costaba. Entrábamos en la tienda, preguntábamos o lo mirábamos y, si eran más de dos euros, su respuesta era: «No lo quiero, mami, ¡eso es mucho!». Dependiendo de lo que fuera, yo le explicaba si era mucho o no, por ejemplo, una camiseta de *La patrulla canina* no era cara, pero para una pegatina sí. Y lo tenía muy claro: si él veía que no era caro, aceptaba; si decía que no, era que no y punto. Era tremendamente inteligente. Se me cae la baba hablando de él y, por estas cosas tan positivas que nos aportó, debía ir a por todas, y así lo hice.

Gracias a mi amiga Mari Carmen, entré en contacto con el mundo de las mentoras. La conocía hacía años, pero no teníamos mucho contacto. Un día me empezó a enviar vídeos e historias por las redes sociales y, al principio, no hice caso, hasta que un día dije: «Vamos a ver qué es esto», y aparecía una chica hablando del poder de la mente, entre otras muchas cosas. La empecé a seguir y ya os adelanto que fue tal el descubrimiento, gracias a la insistencia de Mari Carmen, que os aseguro que jamás soltaré de la mano a mi gran mentora, la salvación que apareció en mi vida, Alicia

Peña Humada. La seguía por redes sociales y de repente un día mi amiga me invita a un evento que llevaba a cabo Alicia en Madrid. Coincidía con el día de mi cumpleaños y me sabía mal no pasarlo en familia. Al no saber realmente en qué consistía, me costó tomar la decisión, lo único que sabía era que, si mi amiga me había invitado y no me contaba en qué consistía, porque ahora doy fe de que no se puede explicar, tenía que ir, y me apunté al evento que me abrió las puertas a una nueva vida. Durante ese intenso fin de semana, rodeada de gente desconocida y de la mano de mi mentora Alicia Peña, me di cuenta de muchísimas cosas, es increíble lo que se vive en estos eventos, tenía el pelo de punta constantemente, cosa que nunca me había pasado. Ahí empezó mi cambio, dejé de pensar, de dar vueltas a las cosas y grabé en mi cabeza que lo importante es actuar.

Considero que nuestras vidas son el resultado de todas las puertas que se nos abren y atravesamos. No siempre es así y, por dudar o no tener la mente limpia, las dejamos cerradas. Para mí, es muy importante atravesar todas las puertas que se nos abren para tener un continuo crecimiento personal. Depende solo y únicamente de nosotros, de nuestra fuerza de voluntad, de nuestra confianza y amor propio ir atravesando esas puertas e ir avanzando. Yo os diría que, cuando una puerta se abre, es por alguna razón y que hemos sido guiados hacia ella. Como comentaba antes, solemos analizar demasiado o agonizar por la decisión, pero no debemos tener miedo, tenemos que cruzar la puerta y descubrir qué hay tras ella, ya que es la única manera de saberlo.

Las puertas aparecen cuando es el momento adecuado y, en mi caso, las atravieso con fe y con amor. Durante mi vida, en muchas ocasiones se me han abierto puertas que no he cruzado por miedo, miedo a un cambio de trabajo, aunque me estuviera amargando la vida el que tenía, o simplemente miedo a ser yo misma por si me dañaban o yo dañaba a los demás. De corazón os digo que lo más importante es perder el miedo, miedo a lo desconocido, miedo a salir de nuestra zona de confort, miedo a fallar... El miedo es nuestro peor enemigo, escuchemos a nuestro corazón, que es muy sabio, es allí donde encontraremos la verdad. Una vez entendido esto y aplicado en nuestra vida, todo cambia, y cuando digo todo es todo.

En mi caso, al llegar del evento en Madrid, lo primero que hice en mi puesto de trabajo fue poner las cartas sobre la mesa. Llevaba veinte años viviendo por y para la empresa, a cambio, no hacía más que recibir palos, lo que me creaba una gran ansiedad. No podía continuar así. Hoy por hoy tengo muy claro que trabajamos para vivir y no vivimos para trabajar, que era lo que yo hacía. Tomar esta decisión no fue fácil, y en esos momentos te das cuenta de cómo es realmente la gente, los compañeros, el gerente... Entonces tuve que tomar medidas más fuertes para poder salir de ahí, ya que, al darme cuenta de lo valiosa que era la vida, no merecían que les dedicara ni un minuto más de ella.

Realicé una mentoría grupal durante seis meses con unos compañeros maravillosos. Se había abierto la puerta para poder realizarla y no lo dudé ni un minuto. En ese momento no sabía de dónde iba a sacar el dinero para pagarla, pero mi querida Alicia encontró la solución. Fueron seis meses muy intensos en los que me conocí interiormente, supe lo que realmente quería en mi vida y aprendí a perdonar, entre otras muchas cosas. Fui muy afortunada de compartir esta mentoría de crecimiento personal con Cristina, Sonia, Macarena, Marga, Vicky, Kike, José Ramón, Eli, Rebeca, Neus, Encarni, Luisma, Fausto, Sergio y mi querida Eva de la Hoz. He aprendido mucho de cada uno de ellos, aparte de formar una gran familia con la que sé que puedo contar siempre que lo necesite. Os quiero, compañeros y compañeras de la mentoría VIII.

En la mentoría tienes que aceptar que no todo lo que has hecho en la vida es bueno, aunque en ese momento no te parezca algo «malo», la mente nos juega malas pasadas y es indispensable saber controlarla.

Esa ha sido mi manera de sanar. Durante la vida pasan muchas cosas buenas y otras no tan buenas, lo que nos lleva a tener la cabeza tan aturullada que tomamos decisiones erróneas y actuamos perjudicándonos a nosotros mismos, algo que jamás se debe permitir. He aprendido que primero soy yo, y después los demás. Si yo estoy bien, actúo correctamente, lo que influye positivamente en todos los que me rodean.

En el transcurso de mi vida, he echado en falta muchas cosas, como la mayoría de personas, pero hay quien sabe gestionarlo y quien, como yo, las guarda en el subconsciente acumulando ahí una cantidad de sucesos y recuerdos que son basura. Para poder curarme y sanar tras el fallecimiento de mi hijo Jaime, tenía que limar asperezas con todo mi pasado, con todo lo que no había querido afrontar cuando pasó, ya fuera por miedo, inmadurez o ignorancia.

De la mano de Alicia, mis compañeros y yo iniciamos un camino juntos, duro, muy duro, pero tan gratificante y beneficioso que consiguió llevar a mi ser la paz mental y la sanación, tanto de traumas de mi niñez, de mi adolescencia como del transcurso de mi vida hasta poder entender y aceptar el fallecimiento de mi hijo.

Mi ser de luz

Grandes sabios a los que he conocido tras el fallecimiento de mi hijo me han dicho que Jaime era un ser de luz.

Dicen que los hijos elegimos a nuestros padres antes de nacer, que los seleccionamos antes de que sepan que vamos a formar parte de su vida. No hay ninguna realidad científica que lo pueda demostrar, pero yo he descubierto que hay un «algo» que nosotros tenemos que hace que nos vinculemos a ellos de una forma mágica, aunque sea inexplicable e ilógico. Después de muchos estudios por mi cuenta, investigaciones y experiencias vividas, descubrí que mi hijo era y es un ser de luz.

Sé que Jaime me eligió a mí para venir a este mundo, para poder enseñar a todas las personas que se cruzaran en su camino lo que es el amor verdadero, a luchar contra viento y marea, a saber valorar las cosas, pero, sobre todo, tanto a mí como a mi familia, vino a enseñarnos a querernos y a hacernos felices.

Hoy por hoy se podría decir que soy otra persona, y todo gracias a Jaime. Antes vivía con miedo, era muy indecisa, desconfiada, vergonzosa, y todo me lo guardaba para mí. No me comunicaba con nadie: si me pasaba algo o me encontraba mal, me lo guardaba dentro y no era realmente feliz.

Un ser de luz alumbra, nos deja ver lo que tenemos delante. Estos seres de luz nos lo muestran y nos recuerdan el gran apoyo que tenemos en el camino de la experiencia humana. Nos acompañan, guían y apoyan en nuestros procesos humanos otorgando sentido y paz al sendero de la experiencia de nuestra vida. Nos enseñan a ser capaces de ver el mundo desde una óptica más íntima, sensible y personal: desde el corazón, desde el interior más profundo de la persona. En el mundo existen muchas clases de personas, cada una con características particulares que las hacen únicas y especiales. Entre ellas, hay un grupo que destaca por su capacidad de irradiar positividad y esperanza, para mí ellos son «seres de luz». Estos seres, estas personas, se distinguen por su bondad innata, su empatía y su capacidad para inspirar a quienes los rodean. No es necesario que hagan grandes cosas, su simple presencia ya es suficiente para llenar de energía y optimismo cualquier ambiente, cualquier lugar, cualquier situación. Los expertos consideran a los seres de luz «ángeles en la tierra» o «personas con vitamina», estas personas que, al encontrarlas o conversar con ellas, logran que uno se sienta mejor, con más energía, fe, ánimo o inspiración.

Tienen un claro propósito de vida. Aunque no te lo digan, se guían interiormente y saben perfectamente qué hacer o qué decir en cada momento para conseguir una alta vibración. Generan suerte en la vida de los demás porque te ponen las cosas muy fáciles, y la enseñanza que te dan solamente ellos te la pueden otorgar. Hacen las cosas sin esperar nada a cambio porque siempre actúan desde el corazón, proyectan buena energía, tienen un interés genuino por los demás. Están pendientes de todo, tanto de lo bueno para felicitarte como de lo no tan bueno para ayudarte y darte su hombro para apoyarte en él, son fuente de inspiración. Al estar con ellos, todo es posible, te enseñan diferentes recursos para superar cada piedra en el camino, son puro amor.

Jaime me ha aportado todo esto y mucho más, sobre todo lo que es el amor verdadero.

Desgraciadamente, vienen por un tiempo determinado. Dicho de una manera más clara, vienen, hacen su trabajo y se van. Suena duro y posiblemente nos resulte un poco extraño, pero hay que vivir con un ser de luz para poder decir lo que estoy compartiendo. Ojalá hubiera sido consciente en ese momento, durante los años de vida terrenal de mi hijo, de lo que estaba haciendo por mí, por nosotros. Lamento haberlo descubierto tarde y no haber podido aprovechar más su enseñanza. Yo era consciente de que había cambiado desde su nacimiento, pero pensaba que era lo que había, cuando realmente mi hijo me empujaba y enseñaba, desde el amor, el cariño y la inocencia, a ser fuerte y no rendirme jamás. Si yo hubiera sabido esto con anterioridad, si alguien me lo hubiera explicado, claro que hubiera llorado la muerte de mi hijo, y por supuesto que lo echo de menos cada minuto de mi vida, por eso creo que es muy importante detectar a un ser de luz en nuestra vida y poder aprender todo lo que ha venido a enseñarnos con el corazón abierto.

Parapsicología

En este capítulo quiero compartir con todos los lectores una experiencia única, que me hizo entender y me enseñó claramente que la vida después de la muerte existe. Es algo muy personal, pero considero que debo contarlo, ni siquiera mi familia lo sabe, es algo que me quedé para mí, lo viví, lo lloré y, al final, lo disfruté.

Era algo escéptica con estos temas, pero lo que sí sabía era que algo había. Como muchas personas, he ido a que me lean la mano, a que me tiren las cartas, pero nunca nadie ha acertado nada que no me haya podido sonsacar como quien no quiere la cosa.

El tema es que me hablaron de Sara, una chica titulada como parapsíquica por un reconocido profesional de la disciplina que hablaba de ella en un libro, y decidí visitarla. Al llamar para pedirle cita, lo primero que me dijo fue que ella no prometía nada. No me aseguraba que pudiera contactar con algún ser querido mío fallecido, si me podría dar algún mensaje o no, pero que fuera sin prisa porque las sesiones eran de duración indeterminada. Si me llegaba algún mensaje, me cobraba veinte euros y, si no, no me cobraba nada. Fue tan sincera y transparente que me dio hasta miedo, miedo en el sentido de que fuera verdad. Tenía tantas ganas de saber cómo estaba mi hijo, que me daba miedo que no estuviera bien, ya que al principio tenía la sensación de que él me estaba esperando en su silla de ruedas para que siguiera cuidando de él en el paraíso, pero fui.

Fue la mejor experiencia de mi vida, jamás la olvidaré. Estuvimos tres horas hablando, bueno, realmente la que hablaba era ella. Os voy a contar cómo fue. Llegué a su casa a las cuatro en punto de la tarde y, solo verle la cara, detecté en sus ojos algo especial. Era oscuro pero brillante. Me gustó. Me volvió a explicar cómo funcionaba la parapsicología y lo que me había comentado por teléfono. Hasta ese momento solo nos habíamos saludado. Ahí yo y mi incredulidad, porque antes de entrar me dije que no le iba a dar ni una pista sobre mí, para saber si era cierto o no lo que me pudiera decir.

Nos sentamos en una habitación una frente a la otra, me mira, cierra los ojos y se empieza a concentrar. Yo estaba callada sin decir nada y, de repente, abre los ojos y me dice: «¿Sabes una cosa?, cuando tengo una sesión, antes realizo una meditación. Siempre me centro en que estoy en un bosque con mucha naturaleza verde, un lago con plantas verdes, flores... y, cuando hoy he ido a meditar, he aparecido en el mismo bosque, pero era todo de color amarillo, precioso, pero de color amarillo». Ahí con me quedé en *shock* porque el color amarillo era el color favorito de Jaime desde que tuvo uso de razón. Yo asentí con la cabeza sin decir nada, y me dijo: «Ahora te miro y te veo dentro de un aura totalmente amarilla con un brillo especial», ahí ya se me cayeron unas lágrimas. Cerró los ojos de nuevo y, al par de minutos, los abre y me dice: «Hay un niño a tu lado derecho con su mano en tu hombro que dice: «Mami, estoy aquí». En aquel momento me derrumbé, empecé a llorar sin consuelo y sentí tanta pena en mi interior como el día que Jaime se marchó. Sara esperó a que me tranquilizara y me dijo: «Es tu hijo. Dice que está muy bien y muy contento ahí donde está, hay más amiguitos suyos y se lo pasa bien. No va en silla de ruedas y puede correr como todos los niños». Yo no podía ni hablar, solo llorar, pero a la vez con una media sonrisa en la cara. Continúa diciéndome que Jaime ha llegado de la mano de un hombre. Me describe la ropa que lleva, pero en ese momento no me recuerda a nadie, y de repente me dice: «Es Pablo, el guía que fue a buscarle el día que falleció». Le pedí que me lo repitiera porque no me lo podía creer. Pablo era mi abuelo paterno, al que no conocí, ya que falleció cuando mi padre apenas tenía tres años. Sara me dijo quién era, el parentesco que teníamos y su nombre, alto y claro. Y sí, me di cuenta de que aquella situación que estaba viviendo era real, y tenía que aprovecharla y disfrutarla. Sara me preguntó si quería decirle algo y, en aquel momento, me quedé muda. Quería hablar, pero no podía. Ella me tranquilizó, cerró de nuevo los ojos y me habló: «Ahora están sentados a tu lado Jaime y Pablo. Tu hijo me dice que ha tenido a la mejor madre del mundo y te agradece todo lo que has hecho por él. Sabe que no ha sido fácil y me está enseñando cuando estaba hospitalizado ya en coma. Me enseña que tú y tu marido no os movéis de su lado. Notaba que le tenías la mano cogida y él estaba más tranquilo teniendo tu contacto». Continué escuchando en su voz las palabras de mi hijo: «No podía más, mamá, estaba cansado de luchar, aunque no os lo demostrara, y era injusto que papi y tú no tuvierais vida por tener que estar siempre cuidándome», en ese momento, con el corazón desgarrado, le dije que las gracias se las daba yo a él, que había sido el mejor hijo del mundo, que estaba muy orgullosa de él, que lo amaba y lo quería por siempre jamás. Y contestó: «Mami, gracias por cuidarme tanto. Cuida a papá y a la tata. Todo va a ir bien. No te preocupes por mí y vive la vida, nos reencontraremos cuando llegue el momento, pero todavía es pronto». En aquel momento me pinchan y no sangro. Estaba haciendo realidad un sueño, saber de mi hijo, cómo estaba, qué hacía, con quién estaba..., y esa conexión, con el paso de los días, me dio mucha tranquilidad y paz mental. Aproveché el momento para decirle mil veces que lo quería muchísimo y que lo echaba mucho de menos. Yo deseaba soñar con él para que me transmitiera algún mensaje, contactar con él de alguna manera, y me dijo que lo estaba haciendo, pero que el dolor y la tristeza no me dejaban verlo. Sara me dijo que empezaba a perder el contacto porque, según me explicó, al abrir el portal para que entre alguien en concreto, hay que ir con mucho cuidado para que no se cuele nadie más.

Seguí repitiéndole: «Te quiero, Jaime, te quiero», a lo que respondió: «Y yo a ti, mamá. Eres la mejor del mundo. Nos volveremos a ver», y se marchó con su bisabuelo Pablo.

Esta experiencia tiene su parte positiva y la negativa: positiva porque sé que hablé con mi hijo, sé que está bien y que nos volveremos a encontrar; negativa porque con el tiempo quieres saber más y más y más, cuando realmente, desde mi punto de vista, no es necesario.

Esta sesión la realicé cuando hacía unos dos años del fallecimiento de Jaime. Como él bien me dijo, debía relajarme y vivir para poder sentir y, como siempre, tenía razón. Con el paso del tiempo, notaba mi cuerpo con más energía, los buenos recuerdos a su lado florecieron, el color amarillo me acompaña a todas partes y me siento tranquila por mí y por los míos.

Hasta pronto, mi amor

Me quedé con ganas de decirte mil y una veces más lo que te amaba, lo orgullosa que estaba de ti y tantas cosas... Creí que siempre tendría tiempo para hacerlo, pero no fue así. Te marchaste a un viaje sin retorno y ahora es demasiado tarde para mí. Todo pasó muy deprisa, a la vez que se hizo eterno. Jamás pensé que te perdería, que morirías, porque eras un luchador nato, nuestro campeón, el niño de la eterna sonrisa. Quizás no quise verlo en ese momento, pero hoy en día sé que tú nos ayudabas y nos impulsabas a afrontarlo todo sin miedo y con fe, porque solo tú sabías cuándo llegaría el momento de partir, así que sé que, durante los nueve años que estuviste en el plano terrenal, cumpliste la misión que viniste a hacer. Fuiste un milagro, un regalo y una bendición de Dios. Ahora entiendo que el tiempo no camina, más bien corre, y corre a un paso que ni siquiera nos damos cuenta en qué momento se nos va. El tiempo nunca se detiene, se detuvo para ti, pero para mí sigue corriendo. Miro hacia atrás y ya han pasado cuatro años desde que volaste alto, pero te echo de menos como el primer día. Dicen que el tiempo cura las heridas, pero yo digo que no las cura, que solo las maquilla, las tapa, aprendes a disimularlas y a convivir con ellas. Nunca dejan de doler.

Ahora comprendo que nunca hay tiempo suficiente para vivir, pero que el poco que tenemos debemos aprovecharlo. Siempre es tiempo de decir lo que sentimos a quien amamos, nunca es tarde y nunca es temprano para empezar a hacerlo si aún estamos vivos. Del mismo modo, debemos saber elegir a quién querer a nuestro lado, y a quién sacar de nuestra vida. Los amigos son la familia que escogemos y la familia es la que nos toca, pero tú me has enseñado, desde tu partida, que hay amigos que se vuelven familia, siempre están a tu lado y jamás te sueltan de la mano. Tengo amigos que he conocido gracias a ti, a tu existencia, y que forman parte plena de mi vida. También me he dado cuenta de que había personas a las que consideraba amigos y familia, que creía que me querían, y no es así, pero agradezco de corazón el haberme dado cuenta gracias a todo lo que tú nos has enseñado y aportado, porque ahora sí soy feliz, porque estoy rodeada de personas vitamina, y nos complementamos mutuamente.

Queridos lectores, por mucho que queramos partir de este mundo por cualquier motivo, debemos respetar el ciclo de la vida. Es cierto que la muerte de un hijo nos crea un trauma profundo, sea como sea la partida. Es inevitable hacernos preguntas, buscar una explicación e incluso sentirnos culpables, pero desde el día que nacemos hay una línea final, un cierre de ciclo que, si forzamos y adelantamos, altera el proceso de la vida.

He aprendido y comprendido que la muerte es una condición de la vida, es parte de ella y llega cuando tiene que llegar, por injusto que lo consideremos; pero la muerte no es definitiva, el alma nunca muere, existe el paraíso, que es el lugar donde nos reencontraremos con todos nuestros seres queridos fallecidos el día que llegue nuestra hora.

No dudéis en pedir ayuda si la necesitáis. El mundo está lleno de personas maravillosas y grandes profesionales que os pueden ayudar a superar cualquier duelo, os lo digo con la mano en el corazón.

Gracias de nuevo a mi hijo Jaime por haber dejado en el mundo terrenal un legado tan grande, haber repartido tanto amor y haber demostrado que siempre hay que luchar con una gran sonrisa.

Te amo, vida mía.

Familia Estrany Balaguer

Agradecimientos

Quiero agradecer a Bella, una mujer a la que conocí un día por casualidad, una mujer especial por tener un sexto sentido que le permitió conectar con lo más profundo de mi ser y animarme a escribir este libro. Sus palabras textuales fueron: «Escribe un libro porque puedes ayudar a mucha gente». Gracias, Bella, por darme el primer empujón. Han pasado unos años, pero aquí estoy.

Gracias a mi marido Jaime, mi hija Paula, mi hermana Isa y resto de familia. A mis amigos y amigas Marina Cladera, Ana López, Manuel Reyes, Verito, Pili, Paqui, Miguel, Dani Meñaka, Tere, Mati, Xulito, Mari y un largo etcétera. Sabéis quiénes sois. Ruego os deis por agradecidos. Podría poner cientos de nombres, pero, al finalizar de escribir el libro, tendría que eliminar otros tantos, de personas que me han decepcionado, con lo que me quedo con las personas que han estado y están a nuestro lado aportando buena energía, fundamental para seguir adelante hoy en día.

Gracias al mundo del pádel, que era la pasión de Jaimito desde que tuvo uso de razón. Quiero destacar el gran cariño recibido de Juan Martín Díaz, Teddy Puig, Lucas Brachi, Diego Picasarri, Ramiro Moyano, Fernando Belasteguin, Seba Nerone, Miguel Lamperti, Daniel Luna y un gran número de profesionales de este deporte que ayudaron a Jaime a cumplir sus sueños y ser feliz.